Héloïse Martel

Le petit livre du wok

FIRST
Editions

ISBN 2-87691-919-2
Dépôt légal : 3e trimestre 2004
Imprimé en Espagne

Conception graphique : Pascale Desmazières

Nous nous efforçons de publier des ouvrages qui correspondent à vos attentes et votre satisfaction est pour nous une priorité. Alors, n'hésitez pas à nous faire part de vos commentaires à :
Éditions Générales First
27, rue Cassette
75006 Paris - France
Tél. : 01 45 49 60 00
Fax : 01 45 49 60 01
e-mail : firstinfo@efirst.com
En avant-première, nos prochaines parutions, des résumés de tous les ouvrages du catalogue. Dialoguez en toute liberté avec nos auteurs et nos éditeurs. Tout cela et bien plus sur Internet à : www.efirst.com

INTRODUCTION

Le wok est apparu en Chine voici des milliers d'années. Il était, dans la grande majorité des familles de la Chine et du Sud-Est asiatique, le seul ustensile de cuisson. Dans les années 1990, l'Europe a redécouvert les bienfaits ancestraux du wok qui permet de préparer :
une cuisine saine, puisqu'elle privilégie les légumes, qu'elle nécessite peu de corps gras, et que le temps de cuisson très bref ne détruit pas les vitamines ; une cuisine économique, puisque la cuisson est rapide ; une cuisine riche en saveurs et en couleurs puisqu'elle associe de nombreux ingrédients ; une cuisine conviviale, puisqu'elle offre des mets originaux et délicieux.

Wok mode d'emploi

Il existe plusieurs modèles de wok : le plus traditionnel est en acier. Mais vous trouverez sur le marché des woks à revêtement antiadhésif, et même des woks électriques, que l'on peut brancher à la cuisine pour la préparation, puis brancher à table ensuite pour garder les aliments au chaud.

Avant la première utilisation de votre wok, lavez-le à l'eau additionnée de quelques gouttes de liquide vaisselle, rincez-le et séchez-le. Versez ensuite un peu d'huile sur un papier absorbant et passez-le sur toute la surface de la cuve pour déposer une fine pellicule. Mettez le wok sur feu doux pendant 10 minutes en le badigeonnant d'huile régulièrement.

Après l'avoir utilisé, lavez le wok à l'eau tiède savonneuse et séchez-le. N'utilisez pas de tampon abrasif pour nettoyer le revêtement antiadhésif de votre wok ; si des aliments ont attaché, versez de l'eau chaude et laissez tremper.

Quelle cuisine pour le wok ?

Ce sont traditionnellement des plats d'Asie que l'on prépare au wok, car ce mode de cuisson rapide implique des aliments détaillés en lamelles ou en bâtonnets pour être consommés à l'aide de baguettes. Mais vous pouvez aussi bien préparer dans votre wok des plats moins typés comme un bœuf Strogonoff ou un émincé de poulet au Fendant (ces recettes figurent un peu plus loin).

Pour faire votre marché

La cuisine au wok utilise des épices, des condiments et des herbes exotiques que vous trouverez sans difficulté en grandes surfaces, ou dans des épiceries asiatiques[1]. Voici un aperçu des principaux ingrédients nécessaires à la réalisation de nombreuses recettes :

- Le gingembre : frais (vendu au poids dans les supermarchés) ou en poudre en bocal (toutes épiceries). Le gingembre frais se pèle et se coupe en petits morceaux ou se râpe, selon les préparations. Ainsi préparé, il a plus d'arômes que la poudre.
- Le cinq-parfums : mélange subtil de badiane, de fenouil, de girofle, de cannelle et de poivre, il est vendu en sachets dans les épiceries exotiques.
- Les champignons noirs et les champignons parfumés : ils sont vendus séchés en sachets (dans les

supermarchés) ; il faut les laisser tremper environ 15 minutes dans de l'eau chaude pour les réhydrater avant de les cuisiner.

- Les piments : frais, ils s'achètent en hypermarchés et en épiceries. Une précaution : lavez-vous les mains immédiatement après les avoir manipulés et ne vous frottez surtout pas les yeux !
- Les piments oiseaux séchés : en bocaux (toutes épiceries et supermarchés) ; on les émiette dans une sauce du bout des doigts. Prenez soin de vous laver les mains immédiatement après les avoir touchés.
- Les pousses de bambou : elles se présentent en boîtes de conserve (dans les épiceries), il suffit de les égoutter et de les rincer avant de les incorporer à un plat.
- Les graines de sésame : en bocaux ou en sachets dans les épiceries exotiques.
- La farine de maïs : il s'agit de la classique Maïzena, que vous trouverez partout. Comptez 1 cuillerée à café à diluer dans un peu d'eau ou de bouillon avant de l'incorporer à une sauce pour l'épaissir.
- La noix de coco : râpée, elle est vendue en sachet dans toutes les épiceries.

- Le lait de coco : en briquettes (dans les supermarchés) ; le conditionnement le plus courant est 20 cl.
- La pâte de curry, rouge ou verte, spécialité thaïlandaise (dans les épiceries exotiques).
- La coriandre, appelée aussi persil chinois : fraîche, en bouquet, dans les supermarchés et les primeurs, en graines ou en poudre dans des bocaux de verre, dans les supermarchés.
- Le basilic : frais dans les supermarchés et les primeurs. Le basilic thaï a une saveur plus prononcée ; on le trouve dans les épiceries asiatiques.
- La citronnelle fraîche, dans les épiceries asiatiques.
- La sauce de poisson et la sauce aux huîtres dans les épiceries asiatiques.
- La sauce de soja, dans les épiceries. La sauce de soja claire est utilisée pour la préparation des plats, la sauce de soja foncée, plus épaisse et plus forte, est davantage recommandée à table, comme assaisonnement de complément.
- La sauce hoisin, composée d'une purée de haricots de soja, d'épices, de sucre et de vinaigre, à vous procurer dans les épiceries asiatiques.
- Le tofu, appelé aussi fromage de soja, est composé

de haricots de soja trempés, séchés et pressés. On le découpe en dés pour le frire ou le faire cuire dans un bouillon. Il est très riche en protéines végétales et recommandé par les nutritionnistes. Vous le trouverez dans les supermarchés, les magasins d'aliments diététiques et les épiceries asiatiques.

- Le bouillon de volaille ou de bœuf : vous pouvez préparer vous-même ce bouillon ou employez des cubes à diluer dans de l'eau bouillante ; comptez alors un cube pour 50 cl d'eau. Le Viandox dilué remplace très bien le bouillon de bœuf.
- Le vinaigre de riz blanc : il peut être remplacé par le vinaigre de cidre ou de vin blanc.
- L'huile de sésame : on en verse un filet sur certains plats au moment de servir. On la trouve dans les supermarchés et les épiceries asiatiques.
- L'huile d'arachide : elle est préférée à l'huile d'olive pour les recettes au wok, car elle supporte mieux les hautes températures.

Pour vous organiser à la cuisine

La plupart des recettes mêlent des ingrédients variés,

viandes ou poissons, légumes, condiments, épices, que l'on ajoute successivement pour une cuisson rapide. Pour bien réussir vos recettes, nous vous recommandons de préparer à l'avance sur votre plan de travail tous les ingrédients nécessaires à la recette choisie : épluchez et détaillez en dés ou en lamelles les légumes, découpez viandes ou poissons, ciselez les herbes, ayez à portée de la main les bocaux d'épices en poudre, l'huile, les sauces.

Prévoyez une planche en bois ou en plastique et un couteau bien aiguisé pour les découpes. Pour détailler une pièce de viande ou de poisson en fines lamelles, utilisez ce « truc » qui facilite la préparation des carpaccios : enveloppez la pièce à découper dans un film alimentaire, placez-le au congélateur pendant 30 minutes avant de la trancher.

Comment utiliser le wok

Il est important de faire chauffer le wok, puis de verser un peu d'huile et de bien la répartir sur toute la surface de la cuve avant de mettre les aliments. Ils doivent être saisis rapidement ; il faut donc les mélanger constamment afin qu'ils dorent sur toutes les faces et qu'ils n'attachent pas. Les aliments étant découpés en lamelles ou en fins bâtonnets, la cuisson est rapide. Les temps de cuisson sont indiqués dans les recettes à titre indicatif, ils peuvent varier selon la puissance de la source de chaleur et la qualité des ingrédients. Par ailleurs, ne soyez pas surpris que le sel et le poivre soient souvent absents dans ces recettes : la sauce de soja est l'unique assaisonnement nécessaire.

Utilisez une spatule en bois à long manche si vous avez un wok à revêtement antiadhésif pour ne pas en rayer la surface, et ne découpez pas les aliments dans la cuve afin de ne pas l'abîmer.

La grille amovible qui recouvre partiellement le wok, appelée grille à tempura sert à recevoir les aliments que vous faites revenir par petites quantités, et ceux qui, après avoir été saisis, sont destinés à être réchauffés au dernier moment dans le wok avec une sauce ou des légumes.

Vous pouvez apporter le wok sur la table, ou servir

ces recettes dans des grands bols de porcelaine, sans oublier, pour les plus habiles, les traditionnelles baguettes !

Certaines recettes sont de véritables plats complets, alliant viande ou poisson et légumes et/ou nouilles. D'autres recettes sont composées uniquement de poisson ou de viande ou de volaille. Pour accompagnement, prévoyez du riz thaï ou basmati nature, ou encore du vermicelle sauté.

Nous avons sélectionné pour vous 130 recettes. Mais la cuisine au wok est inventive. Peu à peu, lorsque vous serez familiarisé avec ce mode de cuisson, vous serez tenté d'improviser, avec les richesses de votre placard et de votre réfrigérateur des recettes personnelles. A vous les trésors gastronomiques de la cuisine exotique et la découverte de nouvelles saveurs.

Bon appétit !

[1] Le supermarché Tang Frères – 48, avenue d'Ivry à Paris XIIIe (Tél. : 01 45 70 80 00) – fournit la plupart des épiceries exotiques de France et vend également aux particuliers.

•

POTAGE AU BŒUF ET AU VERMICELLE CHINOIS

4 pers. **Préparation : 15 min Cuisson : 1 h 30 min**

1 kg de paleron • 3 cm de gingembre frais • 1 oignon • 2 cuil. à café de cinq-parfums • 125 g de vermicelle de riz • 1 bouquet de coriandre • sel, poivre

Réalisation

Épluchez l'oignon et le gingembre, émincez-les. Mettez dans le wok la viande, l'oignon et le gingembre, recouvrez d'eau et ajoutez du sel, du poivre et la poudre de cinq-parfums. Laissez cuire 1 heure 30 minutes. Retirez la viande, coupez-la en fines lamelles, réservez. Filtrez le bouillon, reversez-le dans le wok. Faites cuire les vermicelles pendant 3 minutes dans le bouillon, puis versez le potage dans quatre bols. Disposez la viande par-dessus, et saupoudrez de coriandre ciselée.

POTAGE AU CHOU

4 pers. Préparation : 15 min Cuisson : 20 min

1 chou vert • 4 oignons • 1 sachet de champignons parfumés (25 g) • 250 g d'échine de porc • 3 cm de gingembre frais • 1 litre de bouillon de volaille • 2 cuil. à soupe d'huile d'arachide • sel, poivre

Réalisation

Mettez les champignons parfumés dans un saladier, recouvrez-les d'eau chaude et faites-les tremper 15 minutes. Égouttez-les et coupez-les en morceaux. Émincez le chou en lanières. Épluchez les oignons et hachez-les. Pelez le gingembre et râpez-le. Détaillez le porc en bâtonnets. Faites chauffer l'huile dans le wok, faites frire la viande pendant 5 minutes, retirez-la. Remplacez-la par les oignons hachés, les champignons, le chou et le gingembre, faites revenir 2 minutes puis arrosez de bouillon et assaisonnez. Laissez cuire 15 minutes, remettez le porc pour le réchauffer 1 minute.

POTAGE AU CRABE ET AU MAÏS

4 pers. Préparation : 10 min Cuisson : 15 min

500 g de maïs doux en boîte • 200 g de chair de crabe au naturel • 1 litre de bouillon de volaille • 3 oignons • 2 cm de gingembre • 3 cuil. à soupe de sauce de soja • 1 cuil. à café de cassonade • 2 cuil. à café de Maïzena • 1 bouquet de coriandre

Réalisation

Épluchez les oignons, émincez-les. Pelez le gingembre et râpez-le. Versez le bouillon de volaille dans le wok, mettez les grains de maïs, les oignons, le gingembre, la sauce de soja et la cassonade. Faites cuire 10 minutes. Délayez la Maïzena dans une louche de bouillon, versez-la dans la soupe et poursuivez la cuisson 5 minutes. Versez le potage dans quatre bols. Répartissez le crabe et parsemez de coriandre ciselée.

POTAGE DE TOMATES AU GINGEMBRE

4 pers. Préparation : 10 min Cuisson : 15 min

1,5 kg de tomates mûres • 2 oignons • 2 gousses d'ail • 1 piment oiseau séché • 4 cm de gingembre frais • 1 cuil. à café de sucre • 1 litre de bouillon de volaille • 2 cuil. à soupe d'huile • sel, poivre

Réalisation

Pelez les tomates après les avoir ébouillantées, épépinez-les et coupez-les en morceaux. Épluchez l'ail et les oignons, pelez le gingembre, hachez-les. Faites chauffer l'huile dans le wok, faites revenir l'ail, l'oignon, le gingembre et les tomates pendant 5 minutes en mélangeant constamment. Ajoutez le piment émietté et le sucre. Arrosez de bouillon, poursuivez la cuisson 10 minutes. Vérifiez l'assaisonnement, ajoutez éventuellement un peu de sel et de poivre. Versez le potage dans quatre bols. Servez ce potage chaud, tiède ou froid.

Notre conseil : vous pouvez, pour cette recette, utiliser de la pulpe de tomate au naturel en conserve.

Deux variantes : passez ce potage au mixeur, et proposez de la sauce de soja foncée pour le corser davantage.

SOUPE AUX CREVETTES ET AU VERMICELLE DE SOJA

4 pers. **Préparation : 10 min Cuisson : 8 min**

150 g de vermicelles de soja • 100 g de pousses de soja • 400 g de crevettes roses cuites • 2 gousses d'ail • 3 cm de gingembre frais • 1 citron vert • 50 cl de bouillon de volaille • 3 cuil. à soupe de nuoc-mâm • 1/2 cuil. à café de piment de Cayenne

Réalisation

Pressez le citron vert. Épluchez l'ail et écrasez-le au-dessus du wok. Pelez le gingembre et râpez-le. Décortiquez les crevettes. Faites bouillir le bouillon dans le wok, puis mettez-y le vermicelle, retirez du feu et laissez gonfler 5 minutes. Ajoutez les crevettes, le gingembre, le piment, les pousses de soja et le nuoc-mâm. Donnez un bouillon et servez aussitôt.

POTAGE AU POULET ET AU GINGEMBRE

4 pers. Préparation : 15 min Cuisson : 20 min

800 g de blancs de poulet • 1 oignon • 100 g de pousses de soja • 100 g de courgettes • 1 paquet de champignons parfumés (25 g) • 3 cm de gingembre frais • 2 cuil. à soupe de nuoc-mâm • 1 bouquet de coriandre

Réalisation

Réhydratez les champignons dans un bol d'eau chaude pendant 15 minutes, puis coupez-les en petits morceaux. Épluchez l'oignon, émincez-le. Pelez le gingembre et coupez-le en petits morceaux. Coupez les blancs de poulet en lanières. Mettez les lanières de poulet dans le wok, ajoutez le gingembre, l'oignon et le nuoc-mâm, recouvrez d'eau. Faites cuire doucement pendant 15 minutes. Coupez les courgettes en bâtonnets. Mettez dans le bouillon les bâtonnets de courgette, les morceaux de champignon, les pousses de soja. Laissez cuire 5 minutes. Versez le potage dans des bols individuels et saupoudrez de coriandre ciselée.

POTAGE PÉKINOIS

4 pers. **Préparation : 10 min Cuisson : 15 min**

400 g de blancs de poulet • 1 litre de bouillon de volaille • 1 petite boîte de pulpe de tomate • 1 sachet de champignons noirs déshydratés (25 g) • 1 boîte de pousses de bambou • 2 piments rouges • 2 cm de gingembre frais • 4 cuil. à soupe de sauce de soja • 2 cuil. à café de sucre • 2 cuil. à soupe d'huile • 1 bouquet de coriandre

Réalisation

Couvrez les champignons d'eau bouillante et laissez-les se réhydrater pendant 15 minutes. Égouttez-les et coupez-les en morceaux. Lavez les piments, épépinez-les et coupez-les en petits morceaux. Pelez et râpez le gingembre. Coupez le poulet en fines lamelles. Faites chauffer l'huile dans le wok, mettez les piments et le gingembre, faites-les revenir pendant 2 minutes, puis ajoutez les morceaux de champignon, les lamelles de poulet, et enfin le bouillon. Faites cuire pendant 10 minutes. Ajoutez les pousses de bambou, la pulpe de tomate, le sucre et la sauce de soja. Donnez un bouillon. Répartissez le potage dans des bols et parsemez de coriandre ciselée.

SALADE DE BŒUF AU CITRON VERT

4 pers. **Préparation : 15 min Cuisson : 3 min**

400 g de rumsteack • 6 oignons blancs • 3 citrons verts • 1 concombre • 1 carotte • 50 g de cacahuètes • 3 gousses d'ail • 2 cuil. à soupe d'huile • 2 cuil. à soupe de nuoc-mâm • 1 cuil. à café de sucre • 1/2 bouquet de coriandre • 10 feuilles de menthe

Réalisation

Pelez le concombre et coupez-le en tranches très fines. Épluchez la carotte et râpez-la. Épluchez les oignons, émincez-les très finement. Ciselez les herbes. Pressez les citrons verts. Épluchez l'ail, écrasez-le au presse-ail. Préparez la sauce en mélangeant dans un bol le nuoc-mâm, le jus des citrons verts, la pulpe des trois gousses d'ail et le sucre. Faites griller les cacahuètes dans une poêle à revêtement antiadhésif pendant 3 minutes et hachez-les. Coupez le bœuf en fines lamelles. Faites chauffer l'huile dans le wok, mettez-y la viande et faites-la cuire 3 minutes en mélangeant sans cesse. Retirez-la. Réservez. Mettez dans un saladier ou dans quatre bols le concombre, la carotte, l'oignon, disposez la viande dessus, puis les cacahuètes, les herbes ciselées et arrosez de sauce. Servez immédiatement.

SALADE DE BŒUF À LA CITRONNELLE

4 pers. **Préparation : 10 min Cuisson : 3 min**

400 g de rumsteak • 1 scarole • 1 poivron rouge • 2 tiges de citronnelle fraîche • 6 cuil. à soupe de sauce de soja • 2 cuil. à soupe de vinaigre de riz • 2 cuil. à soupe d'huile

Réalisation

Lavez le poivron, épépinez-le et coupez-le en fines lanières. Épluchez, lavez, essorez la scarole et détaillez-la en lanières. Mélangez dans un bol le vinaigre et la sauce de soja. Ciselez les tiges de citronnelle. Détaillez la viande en fines tranches. Versez l'huile dans le wok, faites cuire les lamelles de bœuf pendant 2 minutes en les retournant constamment. Laissez-les tiédir. Répartissez dans quatre coupelles les lanières de scarole et de poivron, les tranches de viande, arrosez de sauce et parsemez de citronnelle ciselée.

SALADE DE SAINT-JACQUES À L'ANANAS

4 pers. Préparation : 15 min Cuisson : 3 min

16 noix de Saint-Jacques • 2 carottes • 2 gros oignons doux • 4 feuilles de laitue • 4 tranches d'ananas • 4 cuil. à soupe d'huile • 2 cuil. à soupe de sauce de soja • 2 citrons verts • 1 bouquet de coriandre

Réalisation

Épluchez les carottes et les oignons, râpez-les finement. Mettez-les dans un saladier. Coupez la salade verte en lanières, ajoutez-les aux légumes râpés. Pressez les citrons verts, versez le jus dans un bol, ajoutez 2 cuillerées à soupe d'huile et la sauce de soja, fouettez pour émulsionner. Versez sur la salade, mélangez bien. Coupez les tranches d'ananas en six. Répartissez la salade dans quatre bols. Entourez-la de morceaux d'ananas. Lavez et essuyez les noix de Saint-Jacques, coupez-les en deux dans le sens de l'épaisseur. Faites chauffer le reste d'huile dans le wok ; dès qu'elle est chaude, saisissez rapidement les noix de Saint-Jacques en les retournant pendant environ 3 minutes. Quand elles ne sont plus translucides, retirez-les et répartissez-les délicatement sur la salade. Parsemez de coriandre ciselée.

SALADE DE CREVETTES À LA CITRONNELLE

4 pers. **Préparation : 10 min Cuisson : 3 min**

20 grosses crevettes roses • 8 feuilles de scarole • 1 poivron vert • 2 tiges de citronnelle fraîche • 6 cuil. à soupe de sauce de soja • 1 citron vert non traité • 1 citron jaune non traité • 1 cuil. à soupe d'huile

Réalisation

Lavez le poivron, ouvrez-le en deux, ôtez les graines et les parties blanches et coupez-le en fines lanières. Coupez les feuilles de scarole en lanières. Prélevez le zeste des citrons avec un couteau économe, râpez-le. Pressez les fruits. Mélangez dans un bol le jus de citron et la sauce de soja. Décortiquez les crevettes crues. Faites chauffer l'huile dans le wok, jetez les crevettes, et faites-les cuire pendant 3 minutes en les retournant plusieurs fois. Ciselez les tiges de citronnelle. Répartissez dans quatre saladiers individuels les lanières de scarole et de poivron, parsemez de zestes de citron et de citronnelle, arrosez de sauce, puis enfin déposez les crevettes.

SALADE DE PORC À LA CITRONNELLE

4 pers. Préparation : 15 min Cuisson : 5 min

400 g de filet de porc • 1 petit concombre • 8 feuilles de scarole • 4 tiges de citronnelle • 2 cuil. à soupe de nuoc-mâm • 1 cuil. à soupe de sucre • 1 citron vert • 1 cuil. à café de pâte de piment • 1 cuil. à soupe d'huile • 1 bouquet de coriandre • 1 bouquet de menthe • 1 bouquet de ciboulette

Réalisation

Coupez le porc en fines lamelles. Faites chauffer l'huile dans le wok, faites sauter les lamelles de porc en les retournant constamment pendant 5 minutes. Retirez-les et laissez-les refroidir. Pendant ce temps, lavez le concombre et coupez-le en très fines rondelles sans l'éplucher, ciselez finement les herbes et la citronnelle. Coupez les feuilles de scarole en lanières. Pressez le citron vert. Mélangez dans un bol la pâte de piment, le sucre, le nuoc-mâm et le jus de citron. Répartissez dans quatre bols la scarole, le concombre, les herbes, les lamelles de porc et arrosez-les de sauce.

SALADE DE PORC AU GINGEMBRE

4 pers. Préparation : 10 min Cuisson : 5 min

400 g de filet de porc • 2 cm de gingembre frais • 4 échalotes • 8 feuilles de scarole • 1 piment oiseau séché • 4 cuil. à soupe de sauce de soja • 4 citrons verts • 50 g de noix de cajou • 2 cuil. à soupe d'huile • 1/2 bouquet de menthe • 1/2 bouquet de ciboulette

Réalisation

Hachez le porc. Pelez et hachez le gingembre. Épluchez et hachez les échalotes. Coupez les feuilles de scarole en larges lanières. Hachez grossièrement les noix de cajou. Ciselez les herbes. Faites chauffer l'huile dans le wok, faites revenir la viande pendant 5 minutes avec le gingembre, le piment oiseau émietté et les échalotes. Pressez les citrons verts, battez le jus obtenu avec la sauce de soja. Répartissez la salade dans quatre saladiers individuels, arrosez de sauce, disposez au centre la viande hachée. Saupoudrez de noix de cajou hachées et de menthe et de ciboulette ciselées.

SOUPE À LA TONKINOISE

4 pers. **Préparation : 10 min Cuisson : 10 min**

400 g de rumsteak • 200 g de vermicelle de riz • 100 g de pousses de soja • 2 litres de bouillon de bœuf • 2 cm de gingembre frais • 1 cuil. à soupe de sauce de soja • 1 cuil. à café de cinq-parfums • 1/2 cuil. à café de piment en poudre • 1 filet d'huile • 1 bouquet de coriandre

Réalisation

Faites cuire le vermicelle dans 1 litre d'eau bouillante additionnée d'huile pendant 5 minutes, puis égouttez-le. Pelez le gingembre et hachez-le. Versez le bouillon de bœuf dans le wok, ajoutez les pousses de soja, le gingembre, la sauce de soja, le cinq-parfums, le piment et faites bouillir. Coupez le viande en très fines lamelles, jetez-les dans le bouillon, laissez cuire 2 minutes, ajoutez le vermicelle et retirez du feu. Versez la soupe dans quatre bols et parsemez de coriandre ciselée.

SOUPE AU POULET AIGRE-DOUCE

4 pers. Préparation : 15 min Cuisson : 15 min

400 g de blancs de poulet • 2 carottes • 1 oignon • 1 poireau • 1 branche de céleri • 1 piment rouge • 2 ciboules • 1 citron vert • 1 litre de bouillon de volaille • 4 tranches d'ananas au sirop • sel, poivre

Réalisation

Épluchez les carottes et coupez-les en fins bâtonnets. Épluchez et hachez l'oignon. Lavez le poireau, émincez-le finement. Coupez la branche de céleri et les ciboules en rondelles. Ouvrez le piment, ôtez les graines et coupez-le en petits morceaux. Pressez le citron vert. Coupez les tranches d'ananas en petits morceaux en réservant le jus. Versez le bouillon dans le wok, ajoutez tous les légumes et faites cuire à petit feu pendant 5 minutes. Coupez le blanc de poulet en fines lamelles, mettez-le dans la soupe et prolongez la cuisson 10 minutes. Ajoutez enfin les morceaux d'ananas et leur jus ainsi que la ciboule et le jus de citron vert ainsi qu'un peu de sel et de poivre. Répartissez la soupe dans quatre bols et servez bien chaud.

SOUPE AU TOFU

4 pers. **Préparation : 15 min Cuisson : 20 min**

300 g de tofu • 1 sachet de champignons noirs déshydratés (25 g) • 1 litre de bouillon de volaille • 2 cuil. à soupe de sauce de soja • 2 cuil. à soupe de vinaigre de riz • 1 cuil. à soupe de Maïzena • 1 bouquet de coriandre

Réalisation

Mettez les champignons noirs dans une terrine, arrosez-les d'eau bouillante et laissez-les gonfler 15 minutes. Égouttez-les et coupez-les en morceaux. Coupez le tofu en petits dés. Versez le bouillon de volaille dans le wok, ajoutez les champignons et le tofu et portez à ébullition. Baissez le feu et laissez cuire 15 minutes. Diluez la Maïzena dans une louche de bouillon et versez-la dans la soupe. Laissez épaissir, ajoutez la sauce de soja et le vinaigre de riz, puis versez dans quatre bols. Parsemez de coriandre ciselée.

SOUPE DE BŒUF AU VERMICELLE ET AUX ÉPICES

4 pers. **Préparation : 10 min Cuisson : 15 min**

400 g de rumsteak • 200 g de vermicelle de riz • 150 g de pousses de soja • 2 piments rouges • 2 ciboules • 2 oignons • 2 gousses d'ail • 4 cm de gingembre frais • 1/2 cuil. à café de cannelle • 1 cuil. à café de cardamome • 2 anis étoilés • 1 litre de bouillon de bœuf • 1 bouquet de coriandre • 1 bouquet de menthe • poivre du moulin

Réalisation

Épluchez et hachez les oignons et l'ail. Lavez les piments, épépinez-les et coupez-les en petits morceaux. Pelez le gingembre et râpez-le. Coupez les ciboules en rondelles. Ciselez finement les herbes. Versez le bouillon dans le wok, portez-le à ébullition. Plongez le vermicelle dans le bouillon, laissez gonfler 5 minutes et retirez-le. Mettez dans le wok l'ail, l'oignon, le gingembre, le piment, l'anis, la cardamome, la cannelle, poivrez et mélangez. Laissez frémir 5 minutes. Coupez la viande en fines lamelles, mettez-les dans le bouillon et laissez cuire encore 3 minutes. Ajoutez les pousses de soja, la ciboule, puis le vermicelle et réchauffez 2 minutes. Répartissez la soupe dans des bols et parsemez de menthe et de coriandre ciselées.

SOUPE DE LÉGUMES À LA CORIANDRE

4 pers. Préparation : 15 min Cuisson : 20 min

4 carottes • 2 courgettes • 3 tomates • 1/2 boule de céleri rave • 3 gousses d'ail • 2 oignons • 2 bouquets de coriandre • sel, poivre

Réalisation

Pelez les carottes et le céleri, râpez-les. Lavez les courgettes et râpez-les également. Pelez les tomates après les avoir ébouillantées, ôtez les graines et coupez la pulpe en dés. Épluchez et hachez l'ail et l'oignon. Effeuillez la coriandre. Mettez tous les légumes dans le wok, couvrez largement d'eau, salez, poivrez et faites mijoter pendant 20 minutes. Poivrez avant de servir.

SOUPE DE LANGOUSTINES THAÏE

4 pers. **Préparation : 10 min Cuisson : 20 min**

16 langoustines • 4 petits oignons blancs • 2 briquettes de lait de coco (40 cl) • 50 cl de bouillon de volaille • 3 cm de gingembre frais • 1 citron vert • 1 pointe de couteau de piment de Cayenne • 3 cuil. à soupe d'huile • 2 bouquets de coriandre • sel, poivre

Réalisation

Pelez les oignons et le gingembre, hachez-les. Pressez le citron vert. Décortiquez les langoustines. Faites chauffer l'huile dans le wok, faites revenir les langoustines pendant 3 minutes puis retirez-les. Mettez l'oignon et le gingembre dans le wok, salez, poivrez, ajoutez le piment, le bouillon et la moitié de la coriandre ciselée, puis laissez cuire à petit feu pendant 10 minutes. Ajoutez le lait de coco, le jus de citron, un peu de sel et de poivre, remettez les langoustines et poursuivez la cuisson 5 minutes. Parsemez la soupe du reste de coriandre ciselée au moment de servir.

SOUPE CHINOISE

4 pers. **Préparation : 10 min Cuisson : 15 min**

400 g de blancs de poulet • 8 cives • 1 piment rouge • 2 citrons verts • 1 litre de bouillon de volaille • 2 cuil. à soupe de nuoc-mâm • 4 cuil. à café de sucre • 1 bouquet de coriandre

Réalisation

Ciselez les cives et la coriandre. Découpez le poulet en dés. Lavez, épépinez, hachez le piment. Pressez les citrons verts. Portez le bouillon de volaille à ébullition, ajoutez le nuoc-mâm, le piment, le jus de citron, le sucre et les dés de poulet. Laissez cuire à petit feu pendant 15 minutes. Versez dans quatre bols et parsemez de coriandre et de cives au moment de servir.

Notre conseil : pour enrichir cette soupe, ajoutez 250 g de vermicelle de riz 5 minutes avant la fin de la cuisson.

SOUPE DE LÉGUMES AU LAIT DE COCO

4 pers. Préparation : 10 min Cuisson : 15 min

1 chou-fleur • 1 tête de brocoli •1/2 boule de céleri rave • 2 gousses d'ail • 1 cuil. à café de curry en poudre • 3 briquettes de lait de coco (60 cl) • 1 cuil. à soupe d'huile • 1 bouquet de coriandre • sel, poivre

Réalisation

Détaillez le chou-fleur et le brocoli en petits bouquets. Pelez le céleri et coupez-le en dés. Épluchez les gousses d'ail et hachez-les. Faites chauffer l'huile dans le wok, faites revenir l'ail, ajoutez les légumes, salez, poivrez, mélangez bien et arrosez de lait de coco. Portez à ébullition puis baissez le feu et laissez frémir pendant 15 minutes. Ciselez la coriandre. Au moment de servir, saupoudrez de curry et parsemez de coriandre.

SOUPE DE MOULES AU CURRY

4 pers. Préparation : 15 min Cuisson : 20 min

4 litres de moules • 1 petite boîte de pulpe de tomate • 2 échalotes • 2 gousses d'ail • 1 briquette de crème liquide (25 cl) • 75 cl de fumet de poisson • 2 cuil. à soupe de curry • 2 cuil. à soupe d'huile • sel, poivre

Réalisation

Épluchez les échalotes et l'ail, hachez-les. Nettoyez soigneusement les moules. Faites-les ouvrir à feu très vif dans une marmite, retirez-les, décoquillez-les, réservez. Versez l'huile dans le wok, faites fondre l'ail et les échalotes, ajoutez la pulpe de tomate, salez, poivrez, saupoudrez de curry et arrosez de fumet de poisson. Portez à ébullition, puis baissez le feu et laissez cuire 10 minutes. Mixez, reversez la soupe dans le wok. Ajoutez la crème, les moules, mélangez, goûtez et rectifiez l'assaisonnement si nécessaire, réchauffez pendant 2 minutes. Servez aussitôt.

SOUPE DE POULET ÉPICÉE AU VERMICELLE

4 pers. Préparation : 10 min Cuisson : 10 min

200 g de vermicelle de riz • 1 litre de bouillon de volaille • 400 g de blancs de poulet • 1 piment rouge • 3 gousses d'ail • 3 cm de gingembre frais • 2 cuil. à soupe de sauce de soja • 1 cuil. à soupe d'huile • 1 bouquet de coriandre

Réalisation

Lavez le piment, ouvrez-le, ôtez les graines et coupez-le en petits morceaux. Pelez le gingembre et râpez-le. Épluchez les gousses d'ail, écrasez la pulpe au presse-ail. Émincez finement les blancs de poulet. Faites chauffer l'huile dans le wok, faites revenir le piment, l'ail et le gingembre pendant 2 minutes. Ajoutez le bouillon, les lamelles de poulet et laissez cuire 5 minutes. Ajoutez enfin le vermicelle et prolongez la cuisson 5 minutes. Versez la sauce de soja, mélangez. Versez la soupe dans quatre bols et parsemez de coriandre ciselée.

SOUPE THAÏE AUX CREVETTES

4 pers. Préparation : 10 min Cuisson : 10 min

20 crevettes crues • 3 échalotes • 1 citron • 2 cm de gingembre frais • 2 tiges de citronnelle • 2 briquettes de lait de coco (40 cl) • 50 cl de fumet de poisson • 1 cuil. à café de nuoc-mâm • 1 cuil. à café de sucre • 1 bouquet de coriandre • sel, poivre

Réalisation

Décortiquez les crevettes crues et réservez-les. Épluchez les échalotes et le gingembre, émincez-les. Pressez le citron. Coupez la citronnelle en petites rondelles. Versez dans une casserole le fumet de poisson, le lait de coco, le jus de citron, la citronnelle, le sucre, le nuoc-mâm, le gingembre, les échalotes, salez, poivrez. Portez à ébullition, laissez cuire 5 minutes, puis ajoutez les crevettes et laissez cuire pendant 5 minutes. Répartissez la soupe dans quatre bols et décorez de coriandre ciselée.

POISSONS

•

CREVETTES À LA MANGUE

4 pers. Préparation : 10 min Cuisson : 5 min

24 grosses crevettes roses cuites • 1 mangue • 1 cuil. à soupe de graines de sésame • 1 citron • 3 cuil. à soupe d'huile • 1 bouquet de coriandre

Réalisation

Pressez le citron. Pelez la mangue, coupez la pulpe en tranches. Décortiquez les crevettes. Faites griller les graines de sésame à sec dans une poêle à revêtement antiadhésif. Faites chauffer l'huile dans le wok, faites dorer les tranches de mangue pendant 1 minute, arrosez-les de citron, ajoutez les crevettes, saupoudrez de sésame et mélangez délicatement. Garnissez de coriandre ciselée au moment de servir.

CABILLAUD AU CURRY THAÏ

4 pers. **Préparation : 10 min Cuisson : 10 min**

800 g de filets de cabillaud • 2 oignons • 2 gousses d'ail • 4 cuil. à soupe d'huile • 3 tiges de citronnelle • 2 cm de gingembre frais • 2 cuil. à soupe de pâte de curry vert • 2 briquettes de lait de coco (40 cl) • 1 citron vert • 1 bouquet de coriandre

Réalisation

Épluchez l'ail et les oignons, hachez-les. Pelez le gingembre et râpez-le. Coupez la citronnelle en rondelles fines. Pressez le citron vert. Coupez le cabillaud en dés. Faites chauffer 2 cuillerées à soupe d'huile dans le wok, et faites dorer les dés de poisson. Retirez-les dès qu'ils sont cuits. Versez l'huile restante, mettez l'ail, l'oignon, le gingembre, la citronnelle, la pâte de curry, mélangez bien, faites revenir, arrosez de lait de coco et de jus de citron. Donnez un bouillon, remettez le poisson pour le réchauffer. Parsemez de coriandre ciselée avant de servir.

CABILLAUD AUX NOIX DE CAJOU

4 pers. Préparation : 10 min Cuisson : 10 min

800 g de filets de cabillaud • 100 g de petits pois surgelés • 2 carottes • 1 cuil. à café de cumin en poudre • 1 cuil. à café de pâte de piment • 1 cuil. à café de coriandre en poudre • 1 cuil. à soupe de farine • 4 cuil. à soupe de sauce de soja • 4 cuil. à soupe de noix de cajou • 4 cuil. à soupe d'huile • 1 bouquet de coriandre

Réalisation

Épluchez les carottes et coupez-les en bâtonnets. Faites griller les noix de cajou dans une poêle à revêtement antiadhésif pendant 2 minutes. Versez la farine dans une assiette creuse. Coupez le cabillaud en gros dés. Mélangez dans un bol le cumin, la coriandre en poudre, la pâte de piment et la sauce de soja. Roulez les dés de poisson dans la farine. Faites chauffer 2 cuillerées à soupe d'huile dans le wok, faites dorer les dés de poisson pendant 5 minutes en les retournant régulièrement, puis retirez-les. Versez le reste d'huile, mettez les carottes et les petits pois, mélangez bien, laissez cuire 5 minutes, ajoutez la sauce contenue dans le bol, puis remettez le poisson. Parsemez de noix de cajou grillées et de coriandre ciselée avant de servir.

CREVETTES À L'ORANGE

4 pers. Préparation : 15 min Marinade : 3 h Cuisson : 8 min

24 grosses crevettes crues • 1 orange • 2 cuil. à soupe d'huile • 1 cuil. à café de sucre en poudre • 3 cuil. à soupe de sauce de soja • 1 cuil. à café de cinq-parfums • 1/2 cuil. à café de piment de Cayenne en poudre • 2 cm de gingembre frais • 4 cuil. à soupe de cacahuètes non salées

Réalisation

Pressez l'orange et versez le jus dans un saladier. Pelez le gingembre et râpez-le au-dessus du saladier. Ajoutez le sucre, l'huile, la sauce de soja, le cinq-parfums, le piment et mélangez. Décortiquez les crevettes, mettez-les dans le saladier, retournez-les pour qu'elles soient enrobées, recouvrez le saladier d'un film alimentaire et laissez mariner pendant 3 heures. Faites chauffer le wok, versez la préparation et faites cuire environ 8 minutes. La sauce doit être sirupeuse. Concassez grossièrement les cacahuètes, répartissez-les sur les crevettes. Servez aussitôt.

CREVETTES AU BOUILLON ÉPICÉ

4 pers. Préparation : 10 min Cuisson : 10 min

24 grosses crevettes roses crues • 4 gousses d'ail • 25 cl de fumet de poisson • 3 cuil. à soupe d'huile • 2 cuil. à café de curcuma • 1 cuil. à café de cumin • 1 cuil. à café de piment de Cayenne • 2 citrons verts • 1 bouquet de coriandre

Réalisation

Épluchez l'ail. Pressez les citrons verts. Décortiquez les crevettes. Mixez l'ail avec le jus de citron, le cumin, le piment et le curcuma. Faites chauffer l'huile dans le wok, faites sauter les crevettes pendant 2 minutes, puis ajoutez la pâte d'épices, délayez-la avec le fumet de poisson et portez à ébullition. Laissez frémir 5 minutes. Parsemez de coriandre ciselée avant de servir.

CREVETTES AU PIMENT ET À LA MENTHE

4 pers. Prép. : 10 min Marinade : 30 min Cuisson : 10 min

24 grosses crevettes crues • 3 tiges de citronnelle • 2 gousses d'ail • 2 cuil. à café de purée de piment • 1 citron vert • 2 cuil. à soupe d'huile • 1 cuil. à café de cassonade • 4 cuil. à soupe de sauce de soja • 1 bouquet de menthe

Réalisation

Coupez la citronnelle en rondelles fines. Épluchez l'ail, écrasez-le au presse-ail. Pressez le citron vert. Hachez la menthe. Mélangez dans une terrine l'ail, le jus de citron, la purée de piment, la citronnelle et la menthe. Mettez les crevettes dans la marinade, retournez-les plusieurs fois pour qu'elles soient bien enrobées, recouvrez la terrine d'un film alimentaire et mettez au frais pendant 30 minutes. Fouettez dans un bol la cassonade et la sauce de soja. Versez l'huile dans le wok, versez les crevettes et leur marinade, faites cuire à feu vif sans cesser de mélanger pendant 8 minutes. Arrosez de sauce de soja sucrée, réchauffez 2 minutes. Servez aussitôt.

CREVETTES AU SEL ET AU POIVRE

4 pers. **Prép. : 15 min Marinade : 30 min Cuisson : 10 min**

24 grosses crevettes crues • 1 citron jaune non traité • 1 citron vert non traité • 1 piment rouge • 1 piment vert • 3 gousses d'ail • 1 verre de fumet de poisson • 4 cuil. à soupe d'huile • 2 cuil. à café de poivre concassé • 2 cuil. à café de fleur de sel

Réalisation

Décortiquez les crevettes. Prélevez le zeste des citrons avec un couteau économe, râpez-le, mettez-le dans un saladier. Ajoutez le sel, le poivre, les crevettes et retournez-les plusieurs fois pour qu'elles soient bien enrobées. Recouvrez le saladier d'un film alimentaire et laissez mariner 30 minutes au frais. Épluchez l'ail, écrasez-le au presse-ail. Lavez, épépinez les piments et coupez-les en très petits morceaux. Faites chauffer 2 cuillerées à soupe d'huile dans le wok, faites sauter les crevettes par petites quantités, puis retirez-les. Versez le reste d'huile dans le wok, faites revenir l'ail et les piments pendant 3 minutes. Remettez les crevettes, arrosez de fumet de poisson et donnez un bouillon. Servez aussitôt.

CREVETTES AU SÉSAME

4 pers. Prép. : 10 min Marinade : 3 h Cuisson : 10 min

20 grosses crevettes crues • 2 cm de gingembre frais • 2 gousses d'ail • 2 cuil. à soupe de sauce de soja • 4 cuil. à soupe d'huile • 1 piment rouge • 1 cuil. à café de Maïzena • 2 cuil. à soupe de graines de sésame • 1 citron vert

Réalisation

Lavez le piment, enlevez les graines et coupez la chair en très petits morceaux. Mettez-les dans un bol, arrosez d'huile et laissez mariner pendant 3 heures. Pelez le gingembre et râpez-le au-dessus d'un bol. Épluchez les gousses d'ail, écrasez-les avec un presse-ail et recueillez la pulpe dans le bol. Ajoutez la sauce de soja et la Maïzena, mélangez bien. Coupez le citron vert en fines rondelles. Décortiquez les crevettes crues. Versez l'huile pimentée dans le wok, faites-la chauffer et mettez les crevettes ; faites-les sauter pendant 5 minutes sans cesser de mélanger. Arrosez de sauce, donnez un bouillon. Saupoudrez de graines de sésame et servez immédiatement, avec les rondelles de citron vert.

CREVETTES SAUTÉES AU PIMENT ET AUX ÉPICES

4 pers. **Prép. : 15 min Marinade : 30 min Cuisson : 10 min**

24 grosses crevettes crues • 1 piment oiseau séché • 3 cuil. à soupe d'huile • 1 cuil. à soupe de graines de fenouil • 1 cuil. à café de graines de cumin • sel

Réalisation

Versez l'huile dans un plat, ajoutez les graines de fenouil et de cumin, émiettez le piment séché, salez, mélangez. Décortiquez les crevettes, mettez-les dans le plat, retournez-les plusieurs fois pour qu'elles soient enrobées d'huile parfumée, recouvrez le plat d'un film alimentaire et laissez mariner au frais pendant 30 minutes au minimum. Faites chauffer le wok, versez les crevettes avec leur marinade et faites sauter à feu vif sans cesser de mélanger pendant 8 à 10 minutes. Servez immédiatement.

CREVETTES SAUTÉES AUX LÉGUMES

4 pers. Préparation : 10 min Cuisson : 12 min

24 grosses crevettes roses • 100 g de pousses de soja • 1/2 tête de brocoli • 2 carottes • 100 g de pois mange-tout • 2 cm de gingembre frais • 1 cuil. à café de Maïzena • 1/2 cuil. à café de sucre • 4 cuil. à soupe de sauce de soja • 6 cuil. à soupe d'huile d'arachide • 2 cuil. à café d'huile de sésame

Réalisation

Épluchez les carottes et coupez-les en bâtonnets. Écossez les pois, partagez le brocoli en petits bouquets. Pelez le gingembre et râpez-le. Décortiquez les crevettes. Mélangez dans un bol le sucre avec la Maïzena et la sauce de soja Faites chauffer 3 cuillerées à soupe d'huile d'arachide dans le wok, faites revenir les crevettes pendant 3 minutes, puis retirez-les. Versez le reste d'huile dans le wok, mettez le gingembre, les carottes, les pois, les brocolis, les pousses de soja et laissez-les cuire en remuant constamment pendant environ 8 minutes. Remettez les crevettes, arrosez de sauce et laissez légèrement épaissir. Arrosez d'huile de sésame au moment de servir.

GAMBAS AU CHOU CHINOIS

4 pers. **Préparation : 15 min Cuisson : 15 min**

16 gambas • 1 chou chinois • 1 poivron rouge • 2 carottes • 2 cm de gingembre frais • 1 cuil. à café de sucre • 2 cuil. à soupe de sauce de soja • 2 cuil. à soupe de vinaigre blanc • 2 gousses d'ail • 1 cuil. à café de cinq-parfums • 3 cuil. à soupe d'huile d'arachide

Réalisation

Coupez le chou en lanières, ébouillantez-le pendant 5 minutes puis égouttez-le à fond. Pelez les carottes et coupez-les en bâtonnets. Lavez le poivron, ouvrez-le en deux, ôtez les parties blanches et les graines, détaillez-le en bâtonnets de la taille des carottes. Pelez l'ail et le gingembre, hachez-les. Faites chauffer l'huile dans le wok, faites revenir d'abord l'ail et le gingembre, ajoutez ensuite les bâtonnets de carotte et de poivron et les lanières de chou. Mélangez, laissez cuire 5 minutes, puis versez le sucre, le vinaigre, le cinq-parfums et la sauce de soja. Mélangez à nouveau et laissez mijoter 10 minutes. Pendant ce temps, décortiquez les gambas crues, escalopez-les dans une poêle à revêtement antiadhésif pendant 3 minutes, puis mettez-les dans le wok pour achever la cuisson pendant 2 minutes. Servez très chaud.

CROQUETTES DE CREVETTES

4 pers. Prép. : 15 min Réfrig. : 30 min Cuisson : 10 min

800 g de crevettes roses cuites • 1 cuil. à soupe de farine • 1 œuf • 1 oignon • 1 piment oiseau séché • 1 cuil. à café de cumin en poudre • 1 cuil. à café de gingembre en poudre • 4 cuil. à soupe d'huile • 1 citron vert non traité

Réalisation

Prélevez le zeste du citron vert avec un couteau économe, hachez-le. Épluchez l'oignon et hachez-le finement. Battez l'œuf en omelette. Décortiquez les crevettes, hachez-les, mettez-les dans un saladier avec l'œuf battu, le zeste haché, l'oignon, ajoutez le cumin, le gingembre, émiettez le piment. Mélangez bien. Versez la farine dans une assiette creuse. Formez des boulettes avec la préparation, farinez-les, mettez-les dans un plat, recouvrez-le de film alimentaire et laissez au frais pendant 30 minutes. Versez l'huile dans le wok, dès qu'elle est chaude, faites frire les croquettes pendant 10 minutes en les retournant délicatement à mi-cuisson. Déposez-les sur un papier absorbant et servez immédiatement.

Notre conseil : accompagnez d'une salade de concombres à la menthe.

THON AU CITRON VERT ET AU SÉSAME

4 pers. Prép. : 10 min Marinade : 30 min Cuisson : 15 min

600 g de thon frais • 3 citrons verts • 1 piment oiseau séché • 4 cuil. à soupe d'huile d'arachide • 6 cuil. à soupe de sauce de soja • 2 cuil. à soupe de graines de sésame

Réalisation

Pressez les citrons verts, versez le jus dans un saladier, émiettez le piment, ajoutez 3 cuillerées de sauce de soja. Coupez le thon en dés, mettez-les dans le saladier, mélangez pour que les dés de poisson soient bien enrobés. Recouvrez le saladier d'un film alimentaire et mettez-le au frais 30 minutes. Faites chauffer l'huile dans le wok, faites dorer les dés de thon avec leur marinade jusqu'à ce qu'ils soient cuits. Arrosez du reste de sauce de soja et saupoudrez de graines de sésame. Servez très chaud.

GAMBAS AU GINGEMBRE

4 pers. **Préparation : 10 min Cuisson : 15 min**

16 gambas • 1 poivron rouge • 1 poivron vert • 1 oignon • 2 gousses d'ail • 1 briquette de lait de coco (20 cl) • 1 cuil. à café de cinq-parfums • 1 cuil. à café de pâte de curry rouge • 2 cm de gingembre frais • 2 cuil. à soupe d'huile d'arachide • 1 citron vert • sel, poivre

Réalisation

Lavez les poivrons, essuyez-le, coupez-les en deux, enlevez les graines et les parties blanches, puis coupez-les en fines lanières. Pelez l'ail et l'oignon, hachez-les. Pelez le gingembre et râpez-le. Décortiquez les gambas crues. Faites chauffer l'huile dans le wok, mettez l'ail, l'oignon, le gingembre, les lanières de poivron et faites-les revenir en mélangeant. Ajoutez les gambas, la pâte de curry, saupoudrez de cinq-parfums, salez, poivrez et arrosez de lait de coco. Portez à ébullition puis baissez le feu et laissez cuire pendant 10 minutes. Versez le jus du citron vert au moment de servir.

GAMBAS SAUCE SATAY

4 pers. Prép. : 15 min Marinade : 30 min Cuisson : 10 min

16 gambas • 2 gousses d'ail • 1 briquette de lait de coco (20 cl) • 1 cuil. à café de pâte de curry rouge • 3 cuil. à soupe de cacahuètes non salées • 2 cuil. à soupe de sauce de soja • 1/2 citron • 1/2 cuil. à café de piment de Cayenne • 3 cuil. à soupe d'huile d'arachide • 1 bouquet de coriandre

Réalisation

Pressez le citron, versez le jus obtenu dans un saladier, ajoutez la sauce de soja et le piment. Épluchez l'ail, écrasez-le au presse-ail au-dessus du saladier. Hachez la coriandre et ajoutez-la au mélange. Décortiquez les gambas et mettez-les dans la sauce. Laissez mariner 30 minutes après avoir recouvert le saladier d'un film alimentaire. Délayez la pâte de curry dans le lait de coco. Faites chauffer l'huile dans le wok, mettez les gambas avec leur marinade, faites cuire pendant 5 minutes, ajoutez le lait de coco au curry, portez à ébullition, laissez cuire 5 minutes puis retirez du feu. Concassez grossièrement les cacahuètes, parsemez-en les gambas au moment de servir.

GAMBAS FRITES SAUCE AU PIMENT

4 pers. Préparation : 10 min Cuisson : 10 min

20 gambas • 2 cuil. à soupe de farine • 1 œuf • 4 cuil. à soupe de sauce de soja • 1 cuil. à café de pâte de piment • 1 cuil. à café de sucre • huile végétale pour friture • 1/2 citron vert

Réalisation

Décortiquez les gambas. Battez l'œuf en omelette dans une assiette creuse. Versez la farine dans une seconde assiette creuse. Trempez les gambas successivement dans la farine puis dans l'œuf. Faites chauffer l'huile dans le wok, faites frire les gambas deux par deux, pendant 2 minutes en les retournant, puis déposez-les sur un papier absorbant. Pressez le demi-citron vert. Mélangez le jus avec le sucre, la pâte de piment et la sauce de soja. Servez cette sauce en accompagnement.

LANGOUSTINES AUX POIS GOURMANDS

4 pers. Préparation : 15 min Cuisson : 15 min

20 langoustines • 300 g de pois gourmands • 1 poivron rouge • 3 cm de gingembre frais • 4 petits oignons • 3 gousses d'ail • 4 cuil. à soupe d'huile d'arachide • sel, poivre

Réalisation

Épluchez les pois gourmands. Pelez les oignons, les gousses d'ail, le gingembre et hachez-les. Lavez le poivron, essuyez-le, ouvrez-le en deux, ôtez les graines et les parties blanches, coupez-le en lanières. Décortiquez les langoustines. Faites chauffer l'huile dans le wok, faites revenir les langoustines pendant 5 minutes, puis retirez-les. Mettez le hachis d'ail, d'oignon et de gingembre dans le wok, faites dorer 1 minute puis ajoutez les pois gourmands et les lanières de poivron, salez, poivrez, mélangez bien et laissez cuire 10 minutes. Remettez les langoustines dans le wok pour les réchauffer, prolongez la cuisson 1 minute et servez aussitôt.

LOTTE À L'ANANAS ET À LA TOMATE

4 pers. **Préparation : 10 min Cuisson : 10 min**

800 g de lotte préparée sans arête • 2 oignons • 1 petite boîte de pulpe de tomate • 6 tranches d'ananas au sirop • 2 cm de gingembre • 1 citron vert • 2 cuil. à soupe de sauce de soja • 4 cuil. à soupe d'huile d'arachide

Réalisation

Épluchez les oignons, émincez-les. Pelez le gingembre et râpez-le. Coupez la lotte en dés. Pressez le citron vert. Coupez les tranches d'ananas en six en réservant le jus. Faites chauffer 2 cuillerées à soupe d'huile dans le wok, faites sauter les dés de lotte pendant 5 minutes sans cesser de mélanger. Retirez-les. Versez le reste d'huile dans le wok, faites revenir les oignons et le gingembre pendant 3 minutes en mélangeant. Ajoutez la pulpe de tomate, les tranches d'ananas et leur sirop, la sauce de soja, mélangez bien et prolongez la cuisson 2 minutes. Remettez les dés de lotte pour les réchauffer pendant 1 minute. Servez sans attendre.

LOTTE AU CURRY ET AU LAIT DE COCO

4 pers. Préparation : 15 min Cuisson : 15 min

800 g de lotte préparée sans arête • 2 oignons • 1 citron vert non traité • 3 cm de gingembre frais • 2 briquettes de lait de coco (40 cl) • 1/2 boîte de pulpe de tomate au naturel • 2 cuil. à soupe de curry en poudre • 3 cuil. à soupe d'huile d'arachide • 1 bouquet de coriandre • sel, poivre

Réalisation

Coupez la lotte en dés. Épluchez et hachez les oignons. Pelez le gingembre et râpez-le. Prélevez le zeste du citron vert avec un couteau économe, hachez-le et pressez le fruit. Faites chauffer l'huile dans le wok, faites revenir les oignons avec le gingembre, ajoutez la lotte, saupoudrez de curry, mélangez puis ajoutez la pulpe de tomate, le lait de coco, le zeste et le jus de citron, un peu de sel et de poivre. Laissez cuire 10 minutes. Parsemez de coriandre ciselée au moment de servir.

LOTTE AU SAFRAN

4 pers. Préparation : 10 min Cuisson : 20 min

800 g de lotte préparée sans arête • 1 oignon • 2 gousses d'ail • 4 cuil. à soupe de petits pois surgelés • 200 g de riz • 50 cl de court-bouillon • 2 doses de safran • 4 cuil. à soupe d'huile d'arachide • sel, poivre

Réalisation

Coupez la lotte en dés. Épluchez l'ail et l'oignon, hachez-les. Faites chauffer 2 cuillerées à soupe d'huile dans le wok, faites dorer les dés de poisson pendant 5 minutes, puis retirez-les. Versez le reste d'huile dans le wok, faites dorer l'ail et l'oignon, ajoutez le riz, mélangez jusqu'à ce que les grains deviennent transparents, puis arrosez de court-bouillon. Ajoutez le safran, salez, poivrez, couvrez et laissez cuire pendant 10 minutes. Ajoutez les petits pois et la lotte, prolongez la cuisson 5 minutes. Servez bien chaud.

Notre conseil : vous pouvez réaliser cette recette avec un autre poisson, des calamars ou des coquillages.

LOTTE AUX CHAMPIGNONS PARFUMÉS

4 pers. Préparation : 10 min Cuisson : 15 min

800 g de lotte épluchée, sans arête • 3 briquettes de lait de coco (60 cl) • 2 paquets de champignons parfumés séchés (50 g) • 2 oignons • 2 gousses d'ail • 1 piment oiseau séché • 2 tiges de citronnelle • 1 citron vert non traité • 2 cm de gingembre frais • 1 cuil. à soupe de coriandre en poudre • 1 cuil. à soupe de cumin en poudre •1/2 bouquet de ciboulette • 4 cuil. à soupe d'huile d'arachide • sel, poivre

Réalisation

Mettez les champignons parfumés dans un saladier, recouvrez-les d'eau bouillante et laissez-les se réhydrater pendant 15 minutes. Épluchez l'ail et l'oignon, hachez-les. Pelez le gingembre et râpez-le. Coupez la citronnelle en rondelles. Prélevez le zeste du citron vert avec un couteau économe et râpez-le. Pressez le fruit. Ciselez la ciboulette. Coupez la lotte en dés. Faites chauffer l'huile dans le wok, faites revenir l'ail, l'oignon, le gingembre, la citronnelle pendant 3 minutes, saupoudrez de coriandre et de cumin. Arrosez de lait de coco et de jus de citron vert, ajoutez les champignons parfumés, le poisson, émiettez le piment oiseau, salez, poivrez. Portez à ébullition, baissez le feu et poursuivez la cuisson 10 minutes. Saupoudrez de zeste de citron vert râpé et parsemez de ciboulette ciselée.

MARMITE DE CRABE AUX LÉGUMES ET AU LAIT DE COCO

4 pers. **Préparation : 10 min Cuisson : 20 min**

600 g de chair de crabe cuite • 2 carottes • 2 navets • 3 oignons blancs • 1 bulbe de fenouil • 2 courgettes • 50 cl de bouillon de volaille • 1 briquette de lait de coco (20 cl) • 1/2 cuil. à café de cannelle • 1 cuil. à soupe de curry • 1 citron vert • sel, poivre

Réalisation

Épluchez les carottes et les navets, coupez-les en dés. Épluchez les oignons, coupez-les en quatre. Lavez et essuyez les courgettes, coupez-les en dés. Émincez le fenouil. Pressez le citron vert. Versez le bouillon dans le wok, ajoutez tous les légumes et laissez cuire 10 minutes. Ajoutez la cannelle, le curry, le lait de coco, et peu de sel et de poivre, et laissez cuire encore 10 minutes. Versez le jus de citron, mélangez. Répartissez la préparation dans quatre bols et parsemez les légumes de chair de crabe. Servez chaud.

MARMITE DE LA MER AUX ÉPICES TANDOORI

4 pers. Préparation : 15 min Cuisson : 15 min

8 grosses crevettes roses • 8 langoustines • 8 blancs de calamar • 1 poivron rouge • 200 g de haricots verts • 1 briquette de lait de coco (20 cl) • 1 cuil. à soupe de pâte tandoori • 1 citron vert • 4 cuil. à soupe d'huile d'arachide • sel, poivre

Réalisation

Effilez les haricots verts, faites-les cuire à l'eau bouillante salée pendant 6 minutes. Égouttez-les.

Lavez le poivron, coupez-le en deux, ôtez les graines et les parties blanches et coupez la chair en dés. Décortiquez les crevettes et les langoustines, coupez les calamars en morceaux. Faites chauffer l'huile dans le wok, faites revenir le poivron, les crevettes, les calamars et les langoustines pendant 2 minutes en mélangeant. Salez, poivrez. Pressez le citron, mélangez le jus avec le lait de coco, la pâte tandoori et versez dans le wok. Mélangez et poursuivez la cuisson 10 minutes. Ajoutez les haricots verts pour les réchauffer 1 minute. Servez bien chaud.

NOIX DE SAINT-JACQUES AU CURRY

4 pers. **Préparation : 10 min Cuisson : 15 min**

16 noix de Saint-Jacques • 2 cm de gingembre frais • 2 gousses d'ail • 2 cuil. à café de pâte de curry vert • 4 cuil. à soupe d'huile d'arachide • 1 briquette de lait de coco (20 cl)

Réalisation

Pelez le gingembre et râpez-le au-dessus d'un bol. Pelez l'ail, écrasez-le avec un presse-ail et recueillez la pulpe dans le bol. Ajoutez la pâte de curry, 2 cuillerées à soupe d'huile et mélangez. Rincez et épongez les noix de Saint-Jacques. Versez les 2 cuillerées à soupe d'huile restantes dans le wok et faites revenir les noix pendant 5 minutes sans cesser de remuer. Retirez-les dès qu'elles sont cuites et réservez au chaud sur la grille du wok. Versez la sauce dans le wok, puis diluez-la avec le lait de coco et faites mijoter 10 minutes. Remettez les noix de Saint-Jacques dans la sauce pendant 1 minute pour les réchauffer. Servez immédiatement.

NOIX DE SAINT-JACQUES AU PIMENT

4 pers. Préparation : 10 min Cuisson : 10 min

16 noix de Saint-Jacques • 2 piments rouges • 4 gousses d'ail • 3 ciboules • 3 cm de gingembre frais • 2 cuil. à café de sucre • 2 cuil. à soupe de sauce de soja • 4 cuil. à soupe d'huile d'arachide • 1 verre de bouillon de volaille • 1 bouquet de coriandre

Réalisation

Lavez, essuyez, épépinez les piments et coupez-les en petits morceaux. Pelez le gingembre et râpez-le. Coupez les ciboules en rondelles. Épluchez les gousses d'ail, écrasez-les au presse-ail. Rincez, épongez les noix de Saint-Jacques. Faites chauffer 2 cuillerées à soupe d'huile dans le wok, faites revenir les noix en les retournant régulièrement pendant 5 minutes. Retirez-les. Versez le reste d'huile dans le wok, mettez le gingembre, les piments, les ciboules, mélangez bien et laissez cuire 3 minutes. Versez le bouillon, le sucre, la sauce de soja, donnez un bouillon, ajoutez les noix, laissez cuire 1 minute. Parsemez de coriandre ciselée au moment de servir.

NOIX DE SAINT-JACQUES SAUCE COCO

4 pers. Préparation : 15 min Cuisson : 15 min

16 noix de Saint-Jacques • 4 échalotes • 1 briquette de lait de coco (20 cl) • 1 pomme verte • 100 g de cocos plats • 1 tête de brocoli • 1 citron vert non traité • 4 cuil. à soupe d'huile d'arachide • 2 cuil. à soupe de curry en poudre • sel, poivre

Réalisation

Équeutez les cocos, partagez la tête de brocolis en petits bouquets. Faites-les cuire pendant 8 minutes à l'eau bouillante salée, puis égouttez-les. Prélevez le zeste du citron vert et hachez-le. Pressez le fruit. Mettez dans un grand bol le zeste et le jus. Épluchez la pomme, coupez la chair en petits dés, mettez-les dans le bol avec le citron. Épluchez et hachez les échalotes. Rincez et épongez les noix de Saint-Jacques. Faites chauffer l'huile dans le wok, faites sauter les noix en remuant sans cesse pendant 3 minutes. Retirez-les, mettez à la place les échalotes, laissez cuire 3 minutes. Saupoudrez de curry, arrosez de lait de coco, portez à ébullition.

Lorsque la sauce commence à épaissir, ajoutez les

légumes et les Saint-Jacques ainsi que les pommes citronnées. Prolongez la cuisson 2 minutes. Servez aussitôt.

CUISSES DE GRENOUILLE SAUTÉES

4 pers. **Préparation : 10 min Cuisson : 15 min**

800 g de cuisses de grenouille • 2 piments rouges • 2 cm de gingembre frais • 4 cuil. à soupe d'huile d'arachide • 1 bouquet de basilic

Réalisation

Pelez le gingembre et râpez-le. Lavez, essuyez, épépinez les piments et coupez-les en petits morceaux. Versez l'huile dans le wok, faites revenir le gingembre et les piments, ajoutez les cuisses de grenouille et prolongez la cuisson pendant 10 minutes sans cesser de mélanger. Parsemez de basilic ciselé au moment de servir.

MOULES THAÏES

4 pers. **Préparation : 15 min Cuisson : 10 min**

4 litres de moules • 1 piment vert • 1 piment rouge • 4 cm de gingembre frais • 1 cuil. à soupe de pâte de curry vert • 1 briquette de lait de coco (20 cl) • 2 cuil. à soupe d'huile d'arachide • 1 bouquet de coriandre

Réalisation

Lavez les piments, épépinez-les et coupez-les en très petits morceaux. Pelez le gingembre, coupez-le en petits morceaux également. Diluez la pâte de curry avec un peu de lait de coco. Nettoyez soigneusement les moules. Faites chauffer l'huile dans le wok, mettez les moules et faites-les sauter à feu vif. Dès qu'elles s'ouvrent, ajoutez les piments, le gingembre, la pâte de curry diluée et le reste de lait de coco. Donnez un bouillon puis retirez du feu. Ciselez la coriandre et parsemez-la sur les moules au moment de servir.

POISSON POCHÉ SAUCE AU GINGEMBRE

4 pers. **Préparation : 5 min Cuisson : 10 min**

4 filets de cabillaud de 150 g chacun • 6 cm de gingembre frais • 8 champignons noirs déshydratés • 2 cuil. à café de Maïzena • 30 cl de bouillon de bœuf • 1 bouquet de basilic • 2 tiges de citronnelle

Réalisation

Pelez le gingembre et coupez-le en fines lamelles. Mettez les champignons noirs dans un bol, couvrez-les d'eau bouillante et laissez-les se réhydrater pendant 15 minutes. Mettez le basilic et la citronnelle dans le panier supérieur d'un cuit-vapeur, couchez le poisson dessus et faites-le cuire environ 10 minutes. Versez le bouillon de bœuf dans le wok, ajoutez les champignons et le gingembre. Laissez cuire à petits bouillons 10 minutes. Délayez la Maïzena avec une louche de bouillon puis versez-la dans le wok. Prolongez la cuisson jusqu'à ce que la sauce soit légèrement épaissie. Mettez le poisson dans un plat creux, arrosez de sauce et servez très chaud.

SEICHES À LA CHINOISE

4 pers. Préparation : 10 min Cuisson : 10 min

600 g de seiches surgelées • 1 briquette de lait de coco (20 cl) • 3 cm de gingembre frais • 1 piment rouge • 2 tiges de citronnelle • 1 cuil. à soupe de curry en poudre • 3 cuil. à soupe d'huile d'arachide • sel

Réalisation

Rincez les seiches et laissez-les décongeler. Jetez-les dans une casserole d'eau bouillante salée, retirez-les dès la reprise de l'ébullition. Réservez. Pelez le gingembre et coupez-le en morceaux. Détaillez les tiges de citronnelle en rondelles. Lavez le piment, ouvrez-le en deux, ôtez les graines et coupez-le en morceaux. Mixez ensemble le gingembre, la citronnelle et le piment pour obtenir une pâte. Versez l'huile dans le wok, mettez la pâte, saupoudrez de curry, et délayez avec le lait de coco. Donnez un bouillon, ajoutez les seiches, laissez cuire 1 minute. Servez aussitôt.

Notre conseil : pour qu'elles restent moelleuses, ne prolongez pas la cuisson des seiches.

THON AU CHOU ET AU GINGEMBRE

4 pers. **Préparation : 10 min Cuisson : 15 min**

600 g de thon frais • 3 gousses d'ail • 4 cives • 1 chou chinois • 4 cm de gingembre • 3 cuil. à soupe de sauce d'huîtres • 4 cuil. à soupe d'huile

Réalisation

Coupez le chou en lanières. Épluchez les gousses d'ail, écrasez la pulpe au presse-ail. Coupez les cives en rondelles. Coupez le thon en dés. Pelez et râpez le gingembre. Faites chauffer 2 cuillerées d'huile dans le wok, faites dorer les dés de thon pendant 5 minutes en les retournant délicatement. Retirez-les. Versez le reste d'huile dans le wok avec l'ail, les cives, le gingembre, le chou et faites cuire pendant 5 minutes en mélangeant constamment. Versez la sauce d'huîtres, donnez un bouillon, remettez les dés de poisson pour les réchauffer, prolongez la cuisson 2 minutes.

VIANDES ET VOLAILLES

•

AGNEAU AUX SIX PARFUMS

4 pers. Préparation : 15 min Cuisson : 15 min

600 g d'épaule d'agneau dégraissée • 1 oignon • 2 gousses d'ail • 2 yaourts veloutés nature • 2 cm de gingembre frais • 4 pincées d'anis en poudre • 1 cuil. à café de cumin en poudre • 3 cuil. à soupe d'huile d'olive • 1/2 bouquet de menthe • 1 bouquet de coriandre • sel, poivre

Réalisation

Pelez l'ail, l'oignon, le gingembre, mettez-les dans le bol d'un mixeur avec les épices, du sel, du poivre et les yaourts. Mixez. Coupez la viande en tout petits dés. Versez l'huile dans le wok et faites revenir la viande pendant 5 minutes sans cesser de mélanger. Arrosez de sauce, poursuivez la cuisson 10 minutes. Parsemez de menthe et de coriandre ciselées avant de servir.

AIGUILLETTES DE POULET AUX LÉGUMES

4 pers. **Préparation : 15 min Cuisson : 10 min**

600 g de blancs de poulet • 1 carotte • 1 tête de brocoli • 2 courgettes • 4 cuil. à soupe d'huile • 1 cuil. à café de pâte de curry rouge • 1 briquette de lait de coco (20 cl) • 3 cuil. à soupe de cacahuètes non salées • 2 cuil. à soupe de vinaigre de riz • 2 cuil. à café de sucre • 1 bouquet de coriandre

Réalisation

Mixez les cacahuètes, mettez-les dans un bol, ajoutez la pâte de curry, le lait de coco, le sucre et le vinaigre. Partagez le brocoli en petits bouquets. Pelez la carotte et coupez-la en bâtonnets. Coupez les courgettes en rondelles. Versez l'huile dans le wok, mettez les légumes et faites-les cuire pendant 3 minutes sans cesser de mélanger. Retirez-les. Découpez les blancs de poulet en aiguillettes, faites-les dorer dans le wok pendant 5 minutes en les retournant régulièrement. Retirez-les. Versez la sauce aux cacahuètes dans le wok, ajoutez le poulet, les légumes, mélangez et laissez cuire jusqu'à épaississement de la sauce. Parsemez de coriandre ciselée.

AIGUILLETTES DE CANARD À L'ANANAS

4 pers. **Préparation : 10 min Cuisson : 10 min**

800 g d'aiguillettes de canard • 4 tranches d'ananas au sirop avec leur jus • 1 poivron rouge • 3 cm de gingembre frais • 2 cuil. à soupe de sauce de soja • 2 cuil. à soupe d'huile d'arachide • 1 cuil. à soupe de vinaigre

Réalisation

Lavez le poivron, essuyez-le, coupez-le en deux, puis épépinez-le. Coupez la chair en petits dés. Pelez le gingembre et râpez-le. Coupez les tranches d'ananas en petits morceaux. Faites chauffer l'huile dans le wok, mettez les dés de poivron et faites-les revenir jusqu'à ce qu'ils soient tendres. Ajoutez les aiguillettes de canard, faites-les sauter pendant 5 minutes en remuant constamment. Saupoudrez de gingembre, ajoutez les morceaux d'ananas avec leur jus, arrosez de sauce de soja et de vinaigre, mélangez et poursuivez la cuisson 1 minute. Servez immédiatement.

BLANCS DE POULET AU SÉSAME

4 pers. **Préparation : 10 min Cuisson : 15 min**

800 g de blancs de poulet • 2 carottes • 150 g de petits pois surgelés • 3 cuil. à soupe d'huile d'arachide • 3 cuil. à soupe de graines de sésame • 3 cuil. à soupe de sauce de soja • 3 cm de gingembre frais • 3 cuil. à soupe de sucre en poudre • 1 cuil. à soupe de vinaigre de xérès

Réalisation

Pelez les carottes et coupez-les en bâtonnets très fins. Râpez le gingembre et mettez-le dans un bol, ajoutez la sauce de soja, le vinaigre et le sucre en poudre. Mélangez jusqu'à ce que le sucre soit fondu. Coupez le poulet en lanières. Faites chauffer l'huile dans le wok, mettez les bâtonnets de carotte et faites-les revenir pendant 5 minutes. Ajoutez les lanières de poulet, faites-les cuire à feu vif sans cesser de mélanger pendant 5 minutes. Ajoutez ensuite les petits pois et le contenu du bol. Portez à ébullition, puis saupoudrez de graines de sésame. Servez immédiatement.

BŒUF AU CHOU ET AUX CACAHUÈTES

4 pers. **Prép. : 15 min Marinade : 30 min Cuisson : 10 min**

600 g de filet de bœuf • 1 chou chinois • 150 g de cacahuètes • 4 cuil. à soupe de sauce de soja • 4 cuil. à soupe d'huile d'arachide • 2 cm de gingembre frais • 1 citron vert non traité

Réalisation

Pelez et râpez le gingembre. Prélevez le zeste du citron vert avec un couteau économe, râpez-le. Concassez grossièrement les cacahuètes. Taillez le chou chinois en lanières. Coupez la viande en fines lanières. Mettez-la dans une terrine, ajoutez le gingembre et la sauce de soja. Recouvrez la terrine d'un film alimentaire et laissez mariner 30 minutes. Faites chauffer 2 cuillerées à soupe d'huile dans le wok, faites cuire les lanières de chou 5 minutes sans cesser de mélanger. Retirez-le. Versez le reste d'huile dans le wok, faites dorer la viande avec sa marinade ; dès qu'elle est cuite, remettez le chou, mélangez, réchauffez 2 minutes. Parsemez de cacahuètes avant de servir.

BŒUF AU SOJA

4 pers. Préparation : 15 min Cuisson : 10 min

600 g de rumsteak • 1 tête de brocoli • 100 g de haricots verts • 4 petits oignons • 3 cm de gingembre frais • 3 cuil. à soupe d'huile • 4 cl de vin blanc sec • 6 cuil. à soupe de sauce de soja • 1 cuil. à café de Maïzena

Réalisation

Détaillez le brocoli en petits bouquets. Effilez les haricots verts et coupez-les en deux. Épluchez les oignons et le gingembre, hachez-les. Versez la Maïzena dans un bol, délayez-la avec le vin blanc et la sauce de soja. Coupez la viande en bâtonnets. Faites chauffer l'huile dans le wok, mettez le hachis d'oignon et de gingembre, faites revenir 1 minute, puis ajoutez les légumes. Prolongez la cuisson 5 minutes. Ajoutez enfin la viande et le contenu du bol. Mélangez bien, laissez cuire 3 minutes sans cesser de remuer.

BŒUF AUX OIGNONS

4 pers. Préparation : 10 min Cuisson : 8 min

600 g de rumsteack • 4 oignons • 3 cm de gingembre frais • 4 cuil. à soupe de sauce de soja • 4 cuil. à soupe de vinaigre de cidre • 2 cuil. à café de sucre • 4 cuil. à soupe d'huile d'arachide

Réalisation

Coupez la viande en fines lamelles. Épluchez les oignons, émincez-les. Pelez le gingembre et hachez-le. Faites chauffer 2 cuillerées à soupe d'huile dans le wok, mettez le gingembre et les oignons, faites-les cuire sans cesser de remuer pendant 3 minutes, ajoutez le sucre et le vinaigre, prolongez la cuisson 1 minute, puis retirez-les avec une écumoire. Réservez. Versez le reste d'huile dans le wok, ajoutez la viande et faites-la cuire pendant 2 minutes en mélangeant constamment. Ajoutez les oignons, la sauce de soja, réchauffez 1 minute en mélangeant et servez sans attendre.

BŒUF AUX POIVRONS ROUGES ET AU GINGEMBRE

4 pers. **Prép. : 15 min Marinade : 2 h Cuisson : 10 min**

600 g de filet de bœuf • 2 poivrons rouges • 8 cives • 4 gousses d'ail • 3 cm de gingembre • 1 cuil. à café de sucre • 1 cuil. à café de purée de piment • 4 cuil. à soupe d'huile d'arachide

Marinade :

2 cuil. à soupe de sauce de soja • 4 cuil. à café de Maïzena • 1 cuil. à café de sucre • 1 cuil. à soupe d'huile d'arachide

Sauce :

3 cuil. à soupe de xérès • 2 cuil. à soupe de sauce de soja • 2 cuil. à soupe de sucre • 2 cuil. à soupe de sauce d'huîtres

Réalisation

Mélangez dans une terrine tous les ingrédients de la marinade. Coupez la viande en lanières, mettez-la dans la terrine, couvrez-la avec un film alimentaire et laissez mariner 2 heures. Mélangez dans un bol les ingrédients de la sauce. Pelez le gingembre et râpez-le. Épluchez les gousses d'ail, écrasez-les au presse-ail. Lavez les poivrons, essuyez-les, épépinez-les et coupez la chair en lanières. Coupez les cives en rondelles. Faites chauffer 2 cuillerées à soupe d'huile dans le wok, et faites dorer les lamelles de viande à feu vif en mélangeant constamment pendant 3 minutes. Retirez-les et laissez-les en attente. Versez le reste d'huile dans le wok, mettez l'ail et le gingembre, le poivron et faites cuire sans cesser de mélanger, ajoutez le sucre, la purée de piment, la sauce préparée dans le bol et portez à ébullition. Remettez la viande, réchauffez 1 minute. Parsemez de cives et servez aussitôt.

BŒUF SAUCE SATÉ

4 pers. Préparation : 10 min Cuisson : 10 min

600 g de rumsteak • 3 cm de gingembre frais • 2 gousses d'ail • 4 cuil. à soupe d'huile d'arachide • 1 cuil. à café de graines de cumin • 1 cuil. à café de graines de coriandre • 4 tiges de citronnelle • 3 cuil. à soupe de sauce de soja • 1 piment rouge • 100 g de cacahuètes non salées

Réalisation

Épluchez l'ail, écrasez-le au presse-ail au-dessus d'un bol. Coupez les tiges de citronnelle en rondelles. Pelez le gingembre et râpez-le au-dessus du bol. Ajoutez le cumin, la coriandre, la citronnelle et la sauce de soja. Lavez le piment, ouvrez-le ôtez les graines et coupez-le en petits morceaux. Hachez les cacahuètes, incorporez-les au mélange. Découpez la viande en fines lamelles. Faites chauffer l'huile dans le wok, faites revenir la viande à feu vif 2 minutes, puis versez la sauce, et prolongez la cuisson en mélangeant pendant 3 minutes. Servez immédiatement.

Notre conseil : accompagnez d'une salade composée fraîche : tomates, concombres, radis…

BŒUF STROGONOFF

4 pers. Préparation : 10 min Cuisson : 15 min

600 g de filet de bœuf • 250 g de champignons de Paris • 1 oignon • 1. cuil. à soupe de paprika • 25 cl de crème fraîche • 4 cuil. à soupe d'huile d'arachide • quelques branches de persil plat • sel, poivre

Réalisation

Lavez et essuyez les champignons, émincez-les. Épluchez l'oignon et hachez-le. Coupez la viande en fines lamelles. Faites chauffer l'huile dans le wok, faites revenir les lamelles de viande pendant 2 minutes, puis retirez-les. Remplacez par l'oignon et les champignons, faites-les revenir pendant 10 minutes en mélangeant constamment. Saupoudrez de paprika, puis versez la crème, un peu de sel et de poivre. Mélangez, portez à ébullition, remettez les lamelles de viande pour les réchauffer pendant 1 minute. Saupoudrez de feuilles de persil ciselées au moment de servir.

BOULETTES DE BŒUF AU GINGEMBRE

4 pers. **Prép. : 10 min Réfrig. : 30 min Cuisson : 10 min**

600 g de steak haché • 2 petits oignons • 1 œuf • 2 cuil. à café de gingembre moulu • 1 cuil. à café de cinq-parfums • 4 cuil. à soupe de chapelure • 4 cuil. à soupe d'huile d'arachide • sel, poivre

Réalisation

Épluchez les oignons et hachez-les menu. Battez l'œuf en omelette. Ajoutez à la viande hachée les oignons, l'œuf battu, le gingembre, le cinq-parfums, du sel et du poivre. Mélangez, puis formez des boulettes de la taille d'une noix. Versez la chapelure dans une assiette creuse, roulez les boulettes dedans, mettez-les dans un plat, recouvrez d'un film alimentaire et laissez en attente au frais pendant 30 minutes. Faites chauffer l'huile dans le wok et faites frire les boulettes par petites quantités. Égouttez-les sur un papier absorbant et servez-les très chaudes.

Notre conseil : accompagnez de bouquets de menthe et de pommes Granny râpées et citronnées.

BOULETTES DE PORC AUX CACAHUÈTES

4 pers. **Prép. : 15 min Réfrig. : 30 min Cuisson : 15 min**

800 g d'échine de porc maigre • 4 cuil. à soupe de cacahuètes non salées • 4 cuil. à soupe d'huile d'arachide • 1/2 bouquet de menthe • 1/2 bouquet de coriandre • 1 cuil. à café de cinq-parfums • sel, poivre

Réalisation

Hachez le porc et mettez-le dans une terrine. Ciselez finement les herbes, ajoutez-les, ainsi que le cinq-parfums et un peu de sel et de poivre. Concassez les cacahuètes et ajoutez-les à la préparation. Formez des boulettes de la taille d'une noix, mettez-les sur une assiette, recouvrez d'un film alimentaire et mettez au frais pendant 30 minutes. Faites chauffer l'huile dans le wok, et faites cuire les boulettes en les retournant régulièrement avec précaution pour ne pas les briser. Égouttez-les sur un papier absorbant et servez aussitôt.

CANARD À L'ANANAS

4 pers. **Préparation : 10 min Cuisson : 5 min**

2 magrets de canard de 350 g chacun • 8 tranches d'ananas au sirop • 1 piment oiseau séché • 2 cm de gingembre frais • 1 citron vert • 2 cuil. à soupe de miel liquide • 1 cuil. à café de cannelle en poudre • 4 cuil. à soupe d'huile d'arachide • sel, poivre

Réalisation

Ôtez la peau des magrets, coupez la chair en fines tranches. Pressez le citron vert. Coupez les tranches d'ananas en petits morceaux, mettez-les dans un plat avec leur jus. Pelez et râpez le gingembre, émiettez le piment oiseau, ajoutez-les. Saupoudrez les morceaux d'ananas de cannelle, arrosez-les de miel et de jus de citron vert, salez, poivrez. Faites chauffer l'huile dans le wok, faites sauter les lamelles de canard pendant 3 minutes. Ajoutez la sauce, donnez un bouillon et servez aussitôt.

CANARD AU CURRY

4 pers. Préparation : 15 min Cuisson : 10 min

2 magrets de canard de 350 g chacun • 2 oignons • 2 gousses d'ail • 1 briquette de lait de coco (20 cl) • 3 cm de gingembre frais • 2 cuil. à café de curry • 1 cuil. à café de coriandre en poudre • 1/2 citron vert • 4 cuil. à soupe d'huile d'arachide • sel, poivre

Réalisation

Épluchez l'ail, les oignons, le gingembre et hachez-les. Pressez le citron vert. Ôtez la peau des magrets et coupez-les en fines tranches. Faites chauffer l'huile dans le wok, faites sauter les tranches de canard pendant 2 minutes et retirez-les. Mettez le hachis d'ail, d'oignon et de gingembre dans le wok, salez, poivrez, saupoudrez de curry et de coriandre, arrosez de jus de citron vert et laissez cuire doucement 5 minutes, puis ajoutez le lait de coco. Portez à ébullition. Remettez les tranches de canard dans la sauce, faites réchauffer 2 minutes et servez aussitôt.

CANARD AU MIEL ET À L'ORANGE

4 pers. Prép. : 10 min Marinade : 2h Cuisson : 10 min

2 magrets de canard de 350 g chacun • 1 orange non traitée • 1 cuil. à soupe de vinaigre de riz (ou de cidre) • 2 cuil. à soupe de sauce de soja • 2 cuil. à soupe de miel liquide • 2 cuil. à soupe de sucre • 4 cuil. à soupe d'huile d'arachide • 2 cuil. à soupe de graines de sésame

Réalisation

Prélevez le zeste de l'orange avec un couteau économe et râpez-le. Pressez le fruit. Mélangez dans une terrine la sauce de soja, le vinaigre, le miel, le zeste et le jus d'orange. Ôtez la peau des magrets et coupez-les en tranches fines. Mettez-les dans la marinade, recouvrez la terrine d'un film alimentaire et laissez 2 heures au frais. Faites chauffer l'huile dans le wok, faites revenir les tranches de canard égouttées pendant 5 minutes en remuant constamment. Retirez-les. Mettez le sucre dans le wok, ajoutez un peu d'eau et laissez caraméliser légèrement. Arrosez ce caramel de marinade, donnez un bouillon et remettez les tranches de canard pour les réchauffer. Saupoudrez de graines de sésame au moment de servir.

CANARD AU POIVRE ET AUX GRAINES DE PAVOT

4 pers. **Préparation : 10 min Cuisson : 10 min**

2 magrets de 350 g chacun • 6 tranches d'ananas au sirop • 4 cm de gingembre frais • 2 cuil. à café de poivre concassé • 2 cuil. à soupe de graines de pavot • 4 cuil. à soupe d'huile d'arachide • 2 cuil. à soupe de vinaigre de cidre • sel

Réalisation

Pelez le gingembre et coupez-le en petits morceaux. Coupez les tranches d'ananas en six. Ôtez la peau des magrets, découpez la chair en fines tranches. Versez l'huile dans le wok, faites sauter les lamelles de canard pendant 3 minutes, puis retirez-les. Mettez les dés de gingembre dans le wok, faites revenir sans cesser de remuer pendant 3 minutes, ajoutez les morceaux d'ananas et leur jus, puis le vinaigre et le poivre. Dès que le vinaigre est évaporé, remettez les lamelles de canard, salez, mélangez bien pendant 1 minute et retirez du feu. Saupoudrez de graines de pavot avant de servir.

CANARD AUX ÉPICES

4 pers. Préparation : 15 min Cuisson : 20 min

2 magrets de canard de 350 g chacun • 6 carottes • 6 navets • 1 cuil. à café de cinq-parfums • 1 cuil. à café de poivre concassé • 3 cuil. à soupe d'huile d'arachide • 1 cuil. à soupe de vinaigre de framboise • 1 cuil. à café de sucre en poudre • 1 bouquet de coriandre • sel

Réalisation

Épluchez les carottes et les navets, coupez-les en bâtonnets et faites-les blanchir 10 minutes à l'eau bouillante salée. Égouttez et réservez. Enlevez la peau des magrets et coupez-les en tranches fines. Faites chauffer l'huile dans le wok, et faites-y revenir les tranches de canard par petites quantités pendant 4 à 5 minutes, puis ajoutez les légumes, les épices, le sucre et le vinaigre, mélangez délicatement. Poursuivez la cuisson 1 minute. Saupoudrez de coriandre ciselée et servez immédiatement.

CANARD AUX POUSSES DE SOJA

4 pers. **Préparation : 15 min Cuisson : 10 min**

2 magrets de canard de 350 g chacun • 600 g de pousses de soja • 1 poivron rouge • 1 poivron vert • 2 cm de gingembre frais • 1 verre de bouillon de volaille • 2 cuil. à soupe de sauce de soja • 2 cuil. à soupe d'huile d'arachide • 1/2 bouquet de persil

Réalisation

Ôtez la peau des magrets et coupez-les en tranches fines. Ouvrez les poivrons, ôtez les graines et les parties blanches et coupez-les en lanières. Pelez le gingembre, émincez-le. Faites chauffer l'huile dans le wok. Faites revenir le canard pendant 3 minutes, en retournant régulièrement les morceaux. Retirez-les. Remplacez-les par les lanières de poivron et le gingembre, laissez-les cuire pendant 5 minutes en mélangeant, ajoutez les pousses de soja, le bouillon et la sauce de soja, mélangez, puis remettez les tranches de canard pour les réchauffer. Saupoudrez de persil ciselé avant de servir.

CANARD SAUCE HOISIN

4 pers. Préparation : 10 min Cuisson : 20 min

2 magrets de canard de 350 g chacun • 2 anis étoilés • 3 cuil. à soupe de miel liquide • 3 cuil. à soupe de sauce hoisin • 3 cuil. à soupe de sauce de soja • 1 cuil. à soupe de vinaigre de riz • 100 g de pois gourmands • 1 tête de brocoli • 200 g de haricots verts • 2 cuil. à soupe d'huile d'arachide • sel

Réalisation

Effilez les haricots verts, partagez le brocoli en petits bouquets, écossez les pois gourmands. Faites-les cuire à l'eau bouillante salée pendant 5 minutes. Égouttez-les, arrosez-les de sauce de soja et maintenez-les au chaud. Ôtez la peau des magrets et coupez-les en tranches fines. Faites chauffer l'huile dans le wok, faites sauter les tranches de canard pendant 3 minutes puis retirez-les. Versez le miel dans le wok. Dès qu'il commence à caraméliser, ajoutez la sauce hoisin, le vinaigre de riz et les étoiles d'anis. Laissez cuire 3 minutes, remettez les tranches de canard et les légumes pour les réchauffer pendant 1 minute.

PORC À L'ANANAS

4 pers. Préparation : 15 min Cuisson : 10 min

800 g de filet mignon de porc • 1 boîte d'ananas au sirop • 2 cm de gingembre frais • 2 cuil. à soupe de sauce de soja • 1 cuil. à café de vinaigre de cidre • 2 cuil. à soupe de miel liquide • 3 cuil. à soupe d'huile d'arachide • 1 bouquet de menthe

Réalisation

Pelez et hachez le gingembre. Mettez-le dans un bol avec le vinaigre, le miel, la sauce de soja et le jus de la boîte d'ananas. Mélangez bien. Ciselez la menthe. Coupez le porc en fines lanières. Coupez les tranches d'ananas en six. Faites chauffer l'huile dans le wok, faites revenir les lamelles de porc pendant 10 minutes, ajoutez les morceaux d'ananas, puis le contenu du bol et la menthe ciselée. Prolongez la cuisson 1 minute, puis servez immédiatement.

CROQUETTES DE PORC AU CINQ-PARFUMS

4 pers. Préparation : Réfrigération : 30 min Cuisson :

800 g d'échine de porc • 1 œuf • 1 cuil. à soupe de cinq-parfums • 4 pincées de piment de Cayenne • 2 cuil. à soupe de cacahuètes non salées • 4 cuil. à soupe d'huile d'arachide • 2 cuil. à soupe de farine • 1 bouquet de menthe • 1 bouquet de coriandre • sel, poivre

Réalisation

Battez l'œuf en omelette dans un saladier, salez, poivrez. Ciselez finement les herbes. Hachez les cacahuètes. Hachez le porc finement. Mettez ce hachis dans le saladier. Ajoutez le piment, le cinq-parfums, les cacahuètes et les herbes. Mélangez bien. Mettez la farine dans une assiette creuse. Formez des boulettes de la taille d'une noix et roulez-les dans la farine. Placez-les au réfrigérateur pendant 30 minutes au moins afin qu'elles durcissent. Faites chauffer l'huile dans le wok, faites frire les boulettes par petites quantités. Lorsqu'elles sont bien dorées, égouttez-les sur un papier absorbant. Servez très chaud.

Notre conseil : accompagnez ces délicieuses boulettes d'une salade fraîche de concombres à la menthe ou de tomates à la coriandre.

ÉMINCÉ DE BŒUF À LA THAÏLANDAISE

4 pers. **Préparation : 15 min Cuisson : 5 min**

700 g de rumsteak • 1 piment oiseau séché • 2 gousses d'ail • 1 citron vert • 5 cuil. à soupe de nuoc-mâm • 3 cuil. à soupe d'huile d'arachide

Réalisation

Épluchez l'ail et pressez-le au-dessus d'un bol. Émiettez le piment au-dessus du bol. Pressez le citron vert, versez le jus dans le bol et ajoutez le nuoc-mâm. Coupez le bœuf en fines lamelles. Faites chauffer l'huile dans le wok, faites dorer la viande pendant 3 minutes en mélangeant sans cesse. Arrosez avec le contenu du bol, portez à ébullition et servez immédiatement.

CURRY DE PORC

4 pers. Préparation : 10 min Cuisson : 20 min

800 g de filet de porc • 1 petite boîte de pulpe de tomate • 1 poivron rouge • 2 oignons • 2 gousses d'ail • 3 tranches d'ananas au sirop • 2 cuil. à café de cannelle • 2 cuil. à soupe de curry • 1 citron vert • 1 yaourt • 4 cuil. à soupe d'huile d'arachide • sel, poivre

Réalisation

Épluchez les oignons et l'ail, hachez-les. Lavez le poivron, ouvrez-le, enlevez les graines et les parties blanches, coupez la chair en dés. Pressez le citron vert. Coupez le porc en gros bâtonnets. Faites chauffer l'huile dans le wok, faites revenir les bâtonnets de porc avec l'ail et l'oignon hachés, les dés de poivron pendant 3 minutes, saupoudrez de cannelle et de curry, ajoutez la pulpe de tomate, le jus du citron vert, le yaourt, un peu de sel et de poivre. Laissez mijoter à feu doux 15 minutes. Coupez les tranches d'ananas en morceaux, ajoutez-les au curry et prolongez la cuisson 2 minutes.

ÉMINCÉ DE BŒUF AU BASILIC

4 pers. **Préparation : 10 min Cuisson : 15 min**

600 g de rumsteack • 1 poivron rouge • 400 g de pousses de soja • 4 cuil. à soupe d'huile d'arachide • 3 cuil. à soupe de sauce de soja • 1 bouquet de basilic

Réalisation

Lavez et essuyez le poivron. Ouvrez-le, épépinez-le, ôtez les parties blanches et détaillez-le en dés. Émincez le bœuf en fines lamelles. Ciselez le basilic. Faites chauffer 2 cuillerées à soupe d'huile dans le wok, faites revenir les dés de poivron. Quand ils sont tendres, retirez-les. Remplacez-les par les pousses de soja. Retirez-les dès qu'elles sont transparentes. Versez l'huile restante dans le wok, faites dorer les tranches de bœuf à feu vif pendant 3 minutes, retirez-les. Remettez dans le wok les pousses de soja, le poivron, ajoutez la sauce de soja, mélangez, ajoutez les tranches de bœuf pour les réchauffer, et enfin le basilic ciselé. Laissez cuire 1 minute et servez.

ÉMINCÉ DE PORC AU MIEL ET AUX ÉPICES

4 pers. **Préparation : 15 min Cuisson : 15 min**

700 g d'échine de porc • 4 petits oignons blancs • 1 poivron rouge • 200 g de germes de soja • 2 cuil. à soupe d'huile d'arachide • 4 cuil. à soupe de sauce de soja • 3 cuil. à soupe de miel liquide • 2 cuil. à soupe de concentré de tomate • 1 cuil. à café de citronnelle en poudre • 1 cuil. à café de cinq-parfums

Réalisation

Épluchez et hachez les oignons. Lavez le poivron, ouvrez-le, ôtez les graines et les parties blanches et détaillez-le en petits dés. Découpez le porc en fines lamelles. Mélangez dans un bol la sauce de soja, le miel, le concentré de tomate, la citronnelle et le cinq-parfums. Faites chauffer l'huile dans le wok, faites sauter rapidement les lamelles de viande pendant 5 minutes, puis retirez-les. Mettez dans le wok les oignons et le poivron, faites revenir sans cesser de mélanger, puis ajoutez les germes de soja. Quand ils sont devenus translucides, versez le contenu du bol. Au premier bouillon, remettez la viande pour la réchauffer, mélangez et servez immédiatement.

ÉMINCÉ DE POULET AU PIMENT

4 pers. Prép. : 10 min Marinade : 30 min Cuisson : 15 min

800 g de blancs de poulet • 1 piment oiseau séché • 2 gousses d'ail • 4 cuil. à soupe d'huile d'arachide • 1 bouquet de ciboulette • 1 bouquet de basilic • sel

Réalisation

Coupez les blancs de poulet en lanières. Épluchez les gousses d'ail et hachez-les. Ciselez les feuilles de basilic et la ciboulette. Mettez dans une terrine les lanières de poulet, l'ail haché, les herbes ciselées, salez, émiettez le piment, mélangez. Recouvrez la terrine d'un film alimentaire et laissez mariner 30 minutes. Versez l'huile dans le wok, faites sauter les lanières de poulet avec leur marinade pendant 10 minutes en remuant constamment. Servez aussitôt.

ÉMINCÉ DE VEAU AU FENDANT

4 pers. **Préparation : 10 min Cuisson : 15 min**

800 g de noix de veau • 4 échalotes • 15 cl de fendant (vin blanc suisse) • 30 cl de crème fraîche • 4 cuil. à soupe d'huile d'arachide • sel, poivre

Réalisation

Épluchez et hachez les échalotes. Détaillez le veau en fins bâtonnets. Faites chauffer l'huile dans le wok, faites dorer les échalotes pendant 3 minutes, ajoutez les bâtonnets de viande, laissez cuire pendant 3 minutes, puis arrosez de vin. Laissez-le s'évaporer à feu vif, puis salez, poivrez et versez la crème. Prolongez la cuisson jusqu'à ce que la crème nappe la cuillère. Servez très chaud.

HACHÉ DE BŒUF PIMENTÉ AU BASILIC

4 pers. **Préparation : 10 min Cuisson : 15 min**

600 g de steack haché à 5% de MG • 4 cives • 1 petit piment rouge • 3 cuil. à soupe d'huile d'arachide • 1 bouquet de basilic • sel, poivre

Réalisation

Épluchez les cives, coupez-les en fines rondelles. Lavez le piment, épépinez-le et coupez-le en très petits morceaux. Faites chauffer 1 cuillerée à soupe d'huile dans le wok, mettez les cives et le piment et laissez cuire 5 minutes en remuant. Retirez-les avec une écumoire et réservez. Versez le reste d'huile dans le wok et faites revenir la viande hachée sans cesser de mélanger jusqu'à ce qu'elle soit bien cuite. Salez, poivrez, ajoutez le piment et les cives, puis le basilic ciselé. Poursuivez la cuisson 2 minutes. Répartissez ce haché dans quatre bols et accompagnez de feuilles de scarole.

MAGRETS DE CANARD LAQUÉ AU CURRY DE TOMATES ET ANANAS

4 pers. **Préparation : 15 min Cuisson : 20 min**

2 magrets de 350 g chacun • 8 cuil. à soupe de sauce de soja • 3 cuil. à soupe de miel liquide • 6 tranches d'ananas au sirop • 1 petite boîte de pulpe de tomate • 1 cuil. à soupe de pâte de curry rouge • 1 briquette de lait de coco (20 cl) • 1 cuil. à soupe de nuoc-mâm • 1 bouquet de basilic

Réalisation

Préchauffez le four à 210 °C (th. 7). Coupez les tranches d'ananas en six. Diluez la pâte de curry dans le lait de coco, versez dans le wok, ajoutez le nuoc-mâm, portez à ébullition, puis ajoutez les morceaux d'ananas et la pulpe de tomate. Couvrez et laissez mijoter 10 minutes. Mettez les magrets dans un plat à four, enduisez-les de sauce de soja, faites cuire 3 minutes, puis enduisez-les de miel, remettez au four 3 minutes, et renouvelez l'opération une fois. Retirez les magrets du four au bout de 15 minutes. Découpez les magrets en tranches. Versez le curry de tomate et d'ananas dans un plat creux, parsemez de basilic ciselé, entourez de tranches de canard laqué.

Notre conseil : pour cette recette, choisissez des magrets assez maigres ; la couche de graisse sous la peau ne doit pas être supérieure à 1 mm.

CARI DE POULET THAÏ

4 pers. Préparation : 10 min Cuisson : 15 min

800 g de blancs de poulet • 2 briquettes de lait de coco (40 cl) • 1 cuil. à soupe de pâte de curry verte • 3 tiges de citronnelle • 2 cuil. à soupe de nuoc-mâm • 1 bouquet de basilic

Réalisation

Hachez la citronnelle. Coupez le poulet en lanières. Versez le lait de coco dans le wok, délayez la pâte de curry et portez à ébullition. Au premier bouillon, ajoutez les lanières de poulet et la citronnelle. Couvrez et laissez cuire 10 minutes. Versez le nuoc-mâm, mélangez bien et parsemez de basilic ciselé au moment de servir.

PORC AU CARAMEL

4 pers. **Préparation : 10 min Cuisson : 20 min**

800 g de filet de porc • 8 cives • 3 cuil. à soupe de sucre • 3 cuil. à soupe de nuoc-mâm • 2 cuil. à café de pâte de piment • 1 bouquet de coriandre

Réalisation

Coupez le porc en dés. Coupez les cives en tronçons de 2 cm. Mettez le sucre dans le wok, versez quelques gouttes d'eau et faites caraméliser à feu vif. Dès qu'il brunit, ajoutez le nuoc-mâm, la pâte de piment et 20 cl d'eau. Mettez les dés de porc dans le wok, mélangez pour que la viande soit bien enrobée et laissez cuire doucement 10 à 15 minutes, jusqu'à ce que la viande soit bien cuite. Parsemez de cives et de coriandre ciselée au moment de servir.

Notre conseil : ajoutez un peu d'eau si la sauce s'évapore trop vite en cours de cuisson.

PORC AU CURRY ET AUX FRUITS

4 pers. **Préparation : 10 min Cuisson : 15 min**

800 g de filet de porc • 1 oignon • 2 gousses d'ail • 1 mangue • 1 poivron rouge • 1 boîte de pulpe de tomate • 4 tranches d'ananas au sirop • 2 briquettes de lait de coco (40 cl) • 2 cuil. à soupe de curry • 1 cuil. à café de cannelle en poudre • 4 cuil. à soupe d'huile d'arachide • 2 citrons verts • 1 bouquet de coriandre • sel, poivre

Réalisation

Pelez la mangue, ôtez le noyau et coupez la chair en petits dés. Coupez les tranches d'ananas en six. Épluchez l'ail et l'oignon, hachez-les. Lavez le poivron, ouvrez-le, enlevez les graines et les parties blanches et coupez-le en dés. Détaillez le porc en dés. Pressez les citrons verts. Faites chauffer l'huile dans le wok, faites revenir les dés de viande pendant 3 minutes sans cesser de mélanger. Retirez-les. Mettez dans le wok l'oignon, l'ail, le poivron, la pulpe de tomate, saupoudrez de cannelle et de curry, salez, poivrez. Laissez cuire 2 minutes puis remettez les dés de viande, arrosez de lait de coco, ajoutez le jus des citrons verts. Portez à ébullition, baissez le feu et laissez cuire 5 minutes. Ajoutez enfin les morceaux d'ananas et de mangue, réchauffez-les 3 minutes, parsemez de coriandre ciselée et servez aussitôt.

Notre conseil : accompagnez ce plat de riz nature et de salade de tomates, de concombre et d'avocat.

PORC AU GINGEMBRE

4 pers. **Préparation : 10 min Cuisson : 15 min**

800 g de filet mignon de porc • 250 g de pousses de soja • 1 poivron rouge • 1 poivron jaune • 3 oignons • 4 cuil. à soupe d'huile d'arachide • 4 cm de gingembre • 6 cuil. à soupe de sauce de soja • 2 cuil. à soupe de vinaigre de riz • 1 bouquet de coriandre

Réalisation

Coupez le porc en lamelles fines. Pelez le gingembre et râpez-le. Épluchez les oignons et hachez-les. Lavez les poivrons, épépinez-les et coupez-les en lanières. Faites chauffer 2 cuillerées à soupe d'huile dans le wok, faites revenir le porc et le gingembre pendant 3 minutes en remuant constamment. Retirez-les quand la viande est dorée. Versez dans le wok le reste d'huile, mettez les oignons et les poivrons et faites cuire en mélangeant pendant environ 5 minutes. Les légumes doivent être tendres. Ajoutez les pousses de soja, la sauce de soja et le vinaigre, prolongez la cuisson 3 minutes, puis remettez la viande et le gingembre, réchauffez 1 minute. Parsemez de coriandre ciselée et servez bien chaud.

PORC SAUCE AIGRE-DOUCE

4 pers. Préparation : 10 min Cuisson : 15 min

800 g de filet de porc • 1 poivron rouge • 1 poivron vert • 1 poivron jaune • 1 branche de céleri • 2 oignons • 6 tranches d'ananas au sirop • 1 verre de bouillon de volaille • 1 cuil. à soupe de Maïzena • 6 cuil. à soupe d'huile d'arachide • 6 cuil. à soupe de sauce de soja • 2 cuil. à soupe de vinaigre de riz • 3 cuil. à soupe de pulpe de tomate

Réalisation

Lavez les poivrons, épépinez-les et coupez-les en lanières. Coupez le céleri en rondelles, épluchez et hachez les oignons. Coupez les tranches d'ananas en six et réservez le jus. Coupez le porc en fines lamelles. Versez 3 cuillerées à soupe d'huile dans le wok, faites cuire les lamelles de porc pendant 5 minutes en les mélangeant constamment, puis retirez-les. Versez l'huile restante, faites revenir les poivrons, le céleri et l'oignon pendant 10 minutes. Mélangez dans un bol le bouillon de volaille, le sirop d'ananas, la sauce de soja, le vinaigre, la Maïzena et la pulpe de tomate. Lorsque les légumes sont cuits, remettez la viande, ajoutez les morceaux d'ananas, arrosez de sauce et laissez cuire 1 à 2 minutes pour faire épaissir la sauce. Servez aussitôt.

POULET À LA CITRONNELLE

4 pers. Préparation : 10 min Cuisson : 10 min

800 g de blancs de poulet • 4 ciboules • 3 tiges de citronnelle • 3 cuil. à café de nuoc-mâm • 3 cuil. à soupe d'huile d'arachide

Réalisation

Émincez le poulet en lamelles. Coupez les ciboules et la citronnelle en rondelles. Versez l'huile dans le wok, faites revenir les lamelles de poulet pendant 3 minutes, ajoutez les ciboules et la citronnelle, mélangez bien, arrosez de nuoc-mâm et poursuivez la cuisson jusqu'à ce que le poulet soit cuit. Servez aussitôt.

Notre conseil : accompagnez ce plat de brocolis à la vapeur.

POULET À LA MANGUE

4 pers. Préparation : 5 min Cuisson : 10 min

800 g de blancs de poulet • 1 mangue • 1 piment oiseau séché • 1 briquette de lait de coco (20 cl) • 2 cuil. à soupe de noix de coco • 3 cuil. à soupe d'huile d'arachide • sel, poivre

Réalisation

Coupez les blancs de poulet en lanières. Pelez la mangue, ôtez le noyau et détaillez la chair en dés. Versez l'huile dans le wok, faites revenir les lanières de poulet pendant 5 minutes en les retournant régulièrement. Retirez-les. Mettez les dés de mangue dans le wok, faites-les dorer sans cesser de remuer, ajoutez le piment oiseau émietté. Remettez les lanières de poulet dans le wok, arrosez de lait de coco, salez, poivrez, poursuivez la cuisson 5 minutes. Saupoudrez de noix de coco déshydratée au moment de servir.

Notre conseil : accompagnez de riz et de courgettes à la vapeur.

POULET À LA VANILLE ET AUX ÉPICES

4 pers. Préparation : 10 min Cuisson : 15 min

800 g de blancs de poulet • 1 citron vert • 1 oignon • 2 gousses d'ail • 1 petite boîte de pulpe de tomate • 1 gousse de vanille • 2 cm de gingembre • 1 briquette de lait de coco (20 cl) • 2 cuil. à soupe de noix de coco déshydratée • 2 cuil. à soupe de curry • 3 cuil. à soupe d'huile d'arachide • sel, poivre

Réalisation

Épluchez l'ail et l'oignon, hachez-les. Pelez le gingembre et râpez-le. Pressez le citron vert. Détaillez les blancs de poulet en lanières. Faites chauffer l'huile dans le wok, faites revenir les lanières de poulet pendant 5 minutes sans cesser de mélanger, puis ajoutez l'ail, l'oignon, le gingembre, le jus de citron, le curry, la pulpe de tomate et le lait de coco ainsi que le bâton de vanille ouvert en deux dans le sens de la longueur. Salez, poivrez. Mélangez bien, couvrez et laissez cuire pendant 10 minutes. Saupoudrez de noix de coco au moment de servir.

POULET À L'ORANGE ET AUX PISTACHE

4 pers. Préparation : 10 min Cuisson : 15 min

800 g de blancs de poulet • 2 oranges non traitées • 4 cm de gingembre frais • 70 g de pistaches non salées • 4 cuil. à soupe d'huile d'arachide • sel, poivre

Réalisation

Prélevez le zeste des oranges avec un couteau économe, râpez-le. Pressez les fruits. Pelez le gingembre et râpez-le. Coupez les blancs de poulet en lanières. Faites chauffer l'huile dans le wok, et faites dorer les lanières de poulet avec le gingembre sans cesser de mélanger pendant 5 minutes. Ajoutez les zestes et le jus des oranges, salez, poivrez. Prolongez la cuisson 10 minutes. Concassez grossièrement les pistaches et parsemez-en le plat avant de servir.

POULET AU BASILIC

4 pers. **Préparation : 10 min Cuisson : 15 min**

800 g de blancs de poulet • 2 oignons • 2 gousses d'ail • 600 g de haricots verts extra fins • 1 cuil. à café de cinq-parfums • 8 cuil. à soupe de sauce de soja • 4 cuil. à soupe d'huile d'arachide • 2 bouquets de basilic • 4 cuil. à soupe de noix de cajou

Réalisation

Effilez les haricots et coupez-les en deux. Épluchez l'ail, écrasez la pulpe avec un presse-ail. Épluchez les oignons, émincez-les. Ciselez le basilic, concassez grossièrement les noix de cajou. Coupez le poulet en lanières. Faites chauffer 2 cuillerées à soupe d'huile dans le wok, faites revenir les lanières de poulet pendant 5 minutes, puis retirez-les. Versez l'huile restante dans le wok, mettez l'ail, l'oignon, les haricots. Saupoudrez de cinq-parfums et laissez cuire 5 minutes sans cesser de mélanger. Remettez les lanières de poulet, ajoutez la sauce de soja et poursuivez la cuisson 2 minutes. Parsemez de noix de cajou et de basilic et servez aussitôt.

POULET AU CHOU CHINOIS

4 pers. **Prép. : 10 min Marin. : 30 min Cuisson : 15 min**

800 g de blancs de poulet • 3 gousses d'ail • 1 chou chinois • 1 citron non traité • 6 cuil. à soupe d'huile d'arachide • 4 cuil. à soupe de graines de sésame

Réalisation

Taillez le chou chinois en lanières. Prélevez le zeste du citron avec un couteau économe, râpez-le. Épluchez l'ail, écrasez-le au presse-ail. Mélangez dans un saladier l'ail, le zeste de citron et 2 cuillerées d'huile. Coupez le poulet en lanières, mettez-les dans la préparation, recouvrez le saladier de film alimentaire et laissez mariner 30 minutes. Faites chauffer 3 cuillerées à soupe d'huile dans le wok, faites frire les lanières de poulet pendant 10 minutes, retirez-les, égouttez-les sur un papier absorbant. Versez le reste d'huile dans le wok, mettez le chou et faites-le cuire en remuant constamment pendant 5 minutes. Répartissez le chou dans quatre bols, disposez dessus les lanières de poulet, saupoudrez de sésame.

POULET AU CITRON VERT ET AU CUMIN

4 pers. **Préparation : 10 min Cuisson : 10 min**

800 g de blancs de poulet • 2 citrons verts • 1 cuil. à café de cumin en poudre • 1 cuil. à café de ras-el-hanout • 2 cuil. à soupe d'huile d'olive • 1 pincée de piment de Cayenne • 2 cm de gingembre frais • sel, poivre

Réalisation

Râpez le gingembre et mettez-le dans un bol. Pressez les citrons verts et versez le jus dans le bol. Ajoutez le cumin, le ras-el-hanout, le piment, un peu de sel et de poivre. Mélangez bien. Coupez les blancs de poulet en lanières. Versez l'huile dans le wok, faites revenir les lanières de poulet pendant 5 minutes en mélangeant constamment, ajoutez le contenu du bol, mélangez, laissez réduire pendant 5 minutes. Servez immédiatement.

Notre conseil : accompagnez ce plat de semoule cuite à la vapeur, ou de taboulé.

POULET AUX CACAHUÈTES

4 pers. Préparation : 10 min Cuisson : 10 min

800 g de blancs de poulet • 150 g de cacahuètes grillées • 1 briquette de lait de coco (20 cl) • 2 oignons blancs • 2 cuil. à soupe de sauce de soja • 2 cuil. à soupe d'huile d'arachide • 1 cuil. à café de cassonade • 1 citron vert non traité • 3 pincées de piment • 1 bouquet de coriandre

Réalisation

Prélevez le zeste du citron vert avec un couteau économe. Hachez-le. Pressez le fruit. Mettez le zeste et le jus dans un bol. Ajoutez le lait de coco, la sauce de soja, la cassonade et le piment. Hachez grossièrement les cacahuètes. Épluchez les oignons, émincez-les finement. Coupez les blancs de poulet en lanières. Versez l'huile dans le wok, et faites revenir les oignons pendant 2 minutes, puis ajoutez les lanières de poulet. Mélangez, arrosez avec le contenu du bol et laissez cuire pendant 8 minutes. Saupoudrez de cacahuètes hachées et de coriandre ciselée. Servez très chaud.

POULET AUX CHAMPIGNONS PARFUMÉS

4 pers. **Préparation : 15 min Cuisson : 12 min**

600 g de blancs de poulet • 1 sachet de champignons parfumés (25 g) • 6 cuil. à soupe de sauce de soja • 1 cuil. à soupe de cinq-parfums • 2 cuil. à soupe de cacahuètes non salées • 2 cuil. à soupe d'huile d'arachide • 1 bouquet de coriandre

Réalisation

Faites tremper les champignons parfumés dans un grand bol d'eau chaude pendant 15 minutes. Concassez les cacahuètes. Découpez les blancs de poulet en lanières. Faites chauffer l'huile dans le wok, faites dorer les lanières de poulet pendant 5 minutes en les retournant régulièrement. Ajoutez les champignons, laissez cuire 2 minutes, saupoudrez de cinq-parfums, puis arrosez de sauce de soja. Prolongez la cuisson 5 minutes. Saupoudrez de cacahuètes et de coriandre ciselée.

POULET AU MIEL ET AU GINGEMBRE

4 pers. **Préparation : 10 min Cuisson : 15 min**

800 g de blancs de poulet • 6 cm de gingembre frais • 3 cuil. à soupe de miel liquide • 4 cuil. à soupe d'huile d'arachide • 1 verre de bouillon de volaille • 2 cuil. à soupe de sauce de soja • 1 bouquet de coriandre

Réalisation

Pelez le gingembre et coupez-le en tranches fines. Émincez les blancs de poulet en lamelles. Faites chauffer l'huile dans le wok, faites dorer les tranches de gingembre et les lamelles de poulet pendant 8 minutes. Mélangez le miel avec le bouillon et la sauce de soja, versez sur le poulet et laissez cuire jusqu'à épaississement de la sauce. Parsemez de coriandre ciselée au moment de servir.

POULET EXPRESS À L'ANANAS

4 pers. **Préparation : 5 min Cuisson : 10 min**

800 g de blancs de poulet • 6 tranches d'ananas au sirop • 1 cuil. à café de cassonade • 1 cuil. à café de curry • 3 cuil. à soupe d'huile d'arachide • 1 bouquet de coriandre • sel, poivre

Réalisation

Coupez les blancs de poulet en lanières. Coupez les tranches d'ananas en morceaux. Réservez le jus. Faites chauffer l'huile dans le wok, faites revenir le poulet, salez, poivrez, saupoudrez de curry et de cassonade, mélangez bien. Laissez cuire 8 minutes. Ajoutez les morceaux d'ananas et leur jus, donnez un bouillon. Parsemez de coriandre ciselée au moment de servir.

POULET LAQUÉ AU SOJA

4 pers. **Préparation : 10 min Cuisson : 15 min**

800 g de blancs de poulet • 4 gousses d'ail • 4 cm de gingembre • 2 cuil. à soupe de xérès • 8 cuil. à soupe de sauce de soja • 3 cuil. à soupe de miel • 1 cuil. à café de pâte de piment • 4 cuil. à soupe d'huile d'arachide

Réalisation

Épluchez le gingembre et râpez-le. Pelez les gousses d'ail, écrasez-les au presse-ail. Coupez les blancs de poulet en lanières. Faites chauffer l'huile dans le wok et faites sauter les lanières de poulet pendant 8 minutes en les retournant souvent. Retirez-les. Mettez dans le wok l'ail, le gingembre, le xérès, la sauce de soja, le miel et la pâte de piment. Mélangez bien, donnez un bouillon, puis remettez les aiguillettes dans la sauce. Prolongez la cuisson 5 minutes en retournant les aiguillettes pour qu'elles soient enrobées de sauce. Servez aussitôt.

POULET MARINÉ AUX CINQ-PARFUMS

4 pers. **Préparation : 10 min Marinade : 3 h Cuisson : 10 min**

800 g de blancs de poulet • 200 g de pousses de soja • 3 gousses d'ail • 1 poivron rouge • 1 citron vert non traité • 2 cm de gingembre frais • 2 cuil. à café de cinq-parfums • 5 cuil. à soupe de sauce de soja • 4 cuil. à soupe d'huile d'arachide • 1 bouquet de coriandre

Réalisation

Pelez le gingembre et râpez-le. Prélevez le zeste du citron vert avec un couteau économe et râpez-le. Pressez le fruit. Épluchez les gousses d'ail, écrasez-les au presse-ail. Coupez le poulet en lamelles. Mélangez dans une terrine le gingembre, l'ail, les zeste et le jus de citron, le cinq-parfums et le poulet. Recouvrez la terrine d'un film alimentaire et laissez au frais pendant 3 heures. Faites chauffer 2 cuillerées à soupe d'huile dans le wok, et faites revenir le poulet avec sa marinade ; laissez-le cuire pendant 8 minutes en remuant constamment.

Retirez-le. Versez le reste d'huile dans le wok, faites sauter les pousses de soja pendant 5 minutes puis remettez le poulet. Arrosez de sauce de soja, donnez un bouillon. Parsemez de coriandre ciselée au moment de servir.

POULET SAUTÉ À L'AIL

4 pers. **Préparation : 10 min Cuisson : 20 min**

800 g de blancs de poulet • 8 gousses d'ail • 1 poivron rouge • 1 tête de brocoli • 6 ciboules • 4 cuil. à soupe d'huile d'arachide • 1 verre de bouillon de volaille • 2 cuil. à soupe de sauce de soja

Réalisation

Lavez, essuyez, épépinez le poivron et coupez la chair en lanières. Séparez le brocoli en petits bouquets. Épluchez les gousses d'ail, écrasez-les au presse-ail. Coupez les ciboules en rondelles. Émincez les blancs de poulet en lamelles. Faites chauffer l'huile dans le wok, faites dorer les lamelles de poulet pendant 5 minutes en les remuant constamment. Retirez-les. Mettez dans le wok l'ail, les ciboules, le poivron et le brocoli, laissez cuire pendant 10 minutes en mélangeant. Arrosez de bouillon et de sauce de soja, remettez les lamelles de poulet et poursuivez la cuisson environ 5 minutes. Servez aussitôt.

POULET SAUTÉ AU SOJA

4 pers. **Préparation : 15 min Cuisson : 20 min**

800 g de blancs de poulet • 2 poivrons rouges • 500 g de germes de soja • 8 cuil. à soupe de sauce de soja • 3 cuil. à café de cinq-parfums • 4 cuil. à soupe d'huile d'arachide

Réalisation

Détaillez le poulet en lamelles. Lavez les poivrons, ouvrez-les, ôtez les graines et coupez-les en lanières. Faites chauffer 2 cuillerées à soupe d'huile dans le wok, faites revenir les lanières de poivron. Ajoutez les germes de soja, le cinq-parfums et la sauce de soja. Laissez cuire à feu doux pendant 8 minutes et retirez les légumes du wok. Versez le reste d'huile dans le wok, faites dorer les lanières de poulet en les retournant, remettez les légumes, mélangez bien et laissez cuire encore 8 minutes. Servez bien chaud.

TRAVERS DE PORC AUX ÉPICES

4 pers. **Préparation : 15 min Cuisson : 20 min**

1,5 kg de travers de porc • 3 cm de gingembre • 3 gousses d'ail • 4 cuil. à soupe de pulpe de tomate • 1 cuil. à café de cinq-parfums • 1 piment oiseau séché • 2 cuil. à soupe de cassonade • 2 cuil. à soupe de farine • 1 œuf • 8 cuil. à soupe de sauce de soja • 10 cl de xérès • 4 cuil. à soupe de graines de sésame • 4 cuil. à soupe d'huile d'arachide • 2 bouquets de coriandre • sel

Réalisation

Dégraissez au maximum le travers et coupez-le en petits morceaux (1 ou 2 côtes). Faites-les cuire à l'eau bouillante salée pendant 10 minutes, puis égouttez-les. Épluchez les gousses d'ail, écrasez la pulpe avec un presse-ail au-dessus d'un bol. Pelez et râpez le gingembre. Hachez un bouquet de coriandre. Mélangez dans le bol l'ail, le gingembre, la pulpe de tomate, la sauce de soja, le xérès, la coriandre hachée, la cassonade, le cinq-parfums et le piment émietté. Battez l'œuf en omelette dans une assiette creuse, versez la farine dans une seconde assiette. Faites chauffer l'huile dans le wok, mettez les morceaux de travers à dorer trois par trois, en ajoutant un peu d'huile si nécessaire. Retirez-les au fur et à mesure. Versez la sauce dans le wok, donnez un bouillon, puis remettez les travers en les retournant plusieurs fois pour les enrober de sauce. Laissez réchauffer 2 minutes. Parsemez de graines de sésame et de coriandre ciselée au moment de servir.

POULET TERIYAKI

4 pers. **Prép. : 10 min Marinade : 30 min Cuisson : 15 min**

800 g de blancs de poulet • 6 cuil. à soupe de sauce de soja • 3 cuil. à soupe de saké (ou de vermouth sec) • 1 cuil. à café de sucre • 1/2 cuil. à café de piment de Cayenne • 2 gousses d'ail • 3 cm de gingembre • 4 cuil. à soupe d'huile d'arachide

Réalisation

Épluchez les gousses d'ail, écrasez-les avec un presse-ail au-dessus d'un saladier. Pelez le gingembre et râpez-le au-dessus du saladier. Versez dans le saladier la sauce de soja, le saké, le piment, le sucre et mélangez bien. Coupez les blancs de poulet en dés et mettez-les dans la marinade. Laissez-les 30 minutes au frais. Versez l'huile dans le wok, mettez les dés de poulet ainsi que la marinade et faites cuire pendant 15 minutes sans cesser de mélanger. Servez aussitôt.

LÉGUMES

•

CHAMPIGNONS AU TOFU

4 pers. **Préparation : 5 min Cuisson : 7 min**

400 g de tofu • 400 g de champignons de Paris • 4 cives • 3 cuil. à soupe de sauce de soja • 3 cuil. à soupe d'huile d'arachide

Réalisation

Coupez les cives en rondelles. Coupez le tofu en dés. Lavez les champignons, émincez-les. Versez l'huile dans le wok, et faites revenir les champignons 5 minutes. Ajoutez le tofu et les cives. Arrosez de sauce de soja, prolongez la cuisson 2 minutes. Servez sans attendre.

CHOU-FLEUR ASIATIQUE

4 pers. Préparation : 10 min Cuisson : 20 min

1 chou-fleur • 1 oignon • 2 gousses d'ail • 1 cuil. à café de curcuma en poudre • 2 cuil. à café de coriandre en poudre • 3 gousses de cardamome • 2 cuil. à soupe d'huile d'arachide • 1 bouquet de coriandre • sel, poivre

Réalisation

Séparez le chou-fleur en petits bouquets. Épluchez l'ail et l'oignon, hachez-les. Versez l'huile dans le wok, faites revenir l'ail et l'oignon, ajoutez la coriandre en poudre, le curcuma, la cardamome, salez, poivrez, mélangez. Ajoutez les bouquets de chou-fleur, mélangez pour les enrober d'épices. Arrosez avec 15 cl d'eau et portez à ébullition. Couvrez et laissez cuire 15 minutes à feu doux. Parsemez de coriandre ciselée au moment de servir.

Notre conseil : vous pouvez aussi préparer cette recette avec des brocolis.

LÉGUMES AIGRES-DOUX

4 pers. Préparation : 10 min Cuisson : 10 min

2 poivrons rouges • 2 poivrons verts • 2 courgettes • 2 branches de céleri • 200 g de champignons de Paris • 4 gousses d'ail • 24 cives • 3 cm de gingembre frais • 1/2 citron • 4 cuil. à soupe d'huile • 4 cuil. à soupe de sauce de soja • 1 cuil. à soupe de vinaigre de riz • 2 cuil. à soupe de miel liquide • 2 cuil. à soupe de cacahuètes

Réalisation

Préparez les légumes et coupez-les en lanières de même taille. Coupez les cives en rondelles. Pressez le demi-citron. Pelez le gingembre et l'ail, mixez-les avec le miel, la sauce de soja, le vinaigre de riz et le jus de citron. Versez l'huile dans le wok, faites revenir les légumes pendant 10 minutes en remuant constamment. Arrosez avec la sauce au gingembre. Parsemez de cacahuètes concassées au moment de servir.

LÉGUMES AU CURRY

4 pers. **Préparation : 15 min Cuisson : 10 min**

4 petites carottes • 2 petites courgettes • 1 bouquet de brocoli • 4 cuil. à soupe de petits pois surgelés • 4 mini épis de maïs • 4 petits oignons blancs • 2 gousses d'ail • 4 cuil. à soupe d'huile d'arachide • 2 cuil. à soupe de curry •1/2 cuil. à café de piment de Cayenne • 1 bouquet de coriandre • sel

Réalisation

Pelez les carottes et coupez-les en gros bâtonnets. Lavez les courgettes, essuyez-les et coupez-les en dés. Séparez le brocoli en très petits bouquets. Épluchez les oignons et coupez-les en quatre. Pelez les gousses d'ail, écrasez-les au presse-ail. Faites chauffer l'huile dans le wok, mettez l'ail, le piment et les légumes. Saupoudrez de curry, salez, et laissez cuire à feu doux pendant 10 minutes sans cesser de mélanger. Au moment de servir, parsemez de coriandre ciselée.

Notre conseil : surveillez la cuisson, les légumes doivent rester croquants.

LÉGUMES ÉPICÉS

4 pers. Préparation : 15 min Cuisson : 10 min

300 g de haricots verts • 300 g de navets • 300 g de courgettes • 2 cuil. à soupe d'huile d'olive • 2 cm de gingembre frais • 1 tige de citronnelle • 3 gousses d'ail • 1/2 bouquet de coriandre • sel, poivre

Réalisation

Épluchez les navets et coupez-les en morceaux. Lavez les courgettes et détaillez-les en rondelles. Effilez les haricots verts. Faites cuire les légumes à la vapeur pendant 5 minutes. Ciselez la citronnelle. Épluchez les gousses d'ail et le gingembre, hachez-les. Faites chauffer l'huile dans le wok, mettez-y l'ail et le gingembre, faites-les revenir puis ajoutez la citronnelle et les légumes. Salez, poivrez et laissez mijoter 5 minutes en remuant souvent. Saupoudrez de coriandre ciselée avant de servir.

MÉLI-MÉLO DE LÉGUMES AU LAIT DE COCO

4 pers. **Préparation : 15 min Cuisson : 12 min**

250 g de haricots verts • 250 g de pois gourmands • 250 g de carottes nouvelles • 8 mini épis de maïs • 250 g de navets nouveaux • 1 briquette de lait de coco (20 cl) • 1 citron vert • 1 bouquet de coriandre • sel, poivre

Réalisation

Effilez les haricots verts et faites-les cuire à l'eau bouillante salée pendant 6 minutes. Préparez les pois gourmands, ajoutez-les aux haricots verts 3 minutes avant la fin de la cuisson. Épluchez les carottes et coupez-les en gros bâtonnets, pelez les navets et coupez-les en quatre. Faites cuire ces légumes à l'eau bouillante salée 10 minutes. Ajoutez les épis de maïs 2 minutes avant la fin de la cuisson. Égouttez les légumes. Versez le lait de coco dans le wok, salez, poivrez, puis ajoutez les légumes. Donnez un bouillon. Parsemez de coriandre ciselée et arrosez de jus de citron vert au moment de servir.

Notre conseil : variez les légumes selon la saison et

vos goûts ; le chou-fleur, le chou chinois, les brocolis conviennent à cette recette.

NOUILLES AU POULET ET AUX LÉGUMES

4 pers. **Préparation : 10 min Cuisson : 20 min**

250 g de nouilles de riz • 600 g de blancs de poulet • 2 carottes • 1 oignon • 1 poireau • 1 branche de céleri • 4 cuil. à soupe d'huile • 2 cuil. à soupe de vinaigre blanc • 6 cuil. à soupe de sauce de soja • 2 cuil. à café de Maïzena • 2 cuil. à café de sucre • sel

Réalisation

Faites cuire les nouilles dans de l'eau bouillante salée additionnée d'un filet d'huile pendant 5 minutes. Égouttez-les. Détaillez les blancs de poulet en lanières. Épluchez les légumes, coupez-les en julienne. Versez l'huile dans le wok, faites revenir les lanières de poulet pendant 5 minutes, ajoutez les légumes, prolongez la cuisson 10 minutes. Délayez la Maïzena avec le vinaigre et la sauce de soja, ajoutez le sucre. Versez dans le wok, puis ajoutez les nouilles, mélangez et réchauffez pendant 5 minutes.

NOUILLES AU POULET ET AUX CRUSTACÉS

4 pers. Préparation : 10 min Cuisson : 12 min

200 g de nouilles de riz • 400 g de blanc de poulet • 300 g de coques • 12 crevettes roses cuites • 2 gousses d'ail • 2 ciboules • 1 cuil. à café de purée de piment • 3 cuil. à soupe d'huile d'arachide • 2 cuil. à soupe de sauce de soja • sel

Réalisation

Faites cuire les nouilles dans de l'eau bouillante salée additionnée d'un filet d'huile pendant 5 minutes. Égouttez-les. Épluchez l'ail et hachez-le. Coupez le blanc de poulet en fines lanières. Épluchez les ciboules et ciselez-les. Décortiquez les crevettes. Lavez les coques à grande eau. Faites chauffer l'huile dans le wok, faites revenir les lanières de poulet avec l'ail sans cesser de remuer pendant 5 minutes. Ajoutez les crevettes et les coques. Dès que les coques sont ouvertes, ajoutez les nouilles. Diluez la purée de piment dans la sauce de soja et versez sur les nouilles. Mélangez bien et saupoudrez de ciboules ciselées au moment de servir.

NOUILLES AUX CREVETTES PIMENTÉES

4 pers. **Préparation : 15 min Cuisson : 10 min**

250 g de nouilles de riz • 24 grosses crevettes crues • 2 gousses d'ail • 1 piment rouge • 1 citron vert • 2 tiges de ciboule • 1 cuil. à soupe de miel • 3 cuil. à soupe de sauce de soja • 1 cuil. à soupe de nuoc-mâm • 4 cuil. à soupe d'huile • 1 bouquet de basilic • sel

Réalisation

Lavez le piment, ouvrez-le, ôtez les graines et coupez la chair en très petits morceaux. Mettez-les dans un bol. Coupez les ciboules en petites rondelles et mettez-les dans le bol. Pelez les gousses d'ail, écrasez-les au presse-ail au-dessus du bol. Pressez le citron vert, versez le jus obtenu dans le bol. Ajoutez le miel, la sauce de soja et le nuoc-mâm. Mélangez. Décortiquez les crevettes. Faites cuire les nouilles dans de l'eau bouillante salée additionnée d'une cuillerée d'huile pendant 5 minutes, égouttez-les. Versez l'huile dans le wok, faites revenir les crevettes pendant 3 minutes en les retournant sans cesse, ajoutez le contenu du bol, puis les nouilles et prolongez la cuisson 1 minute en mélangeant. Parsemez de basilic ciselé au moment de servir.

NOUILLES ET LÉGUMES SAUTÉS À LA SAUCE HOISIN

4 pers. Préparation : 15 min Cuisson : 15 min

250 g de nouilles de riz • 2 carottes • 1 tête de brocoli • 1 poivron rouge • 100 g de pousses de soja • 1 chou chinois • 2 ciboules • 3 cuil. à soupe d'huile d'arachide • 2 cuil. à café d'huile de sésame • 4 cuil. à soupe de sauce hoisin • 2 cuil. à soupe de sauce de soja • sel

Réalisation

Pelez les carottes, coupez-les en bâtonnets. Séparez le brocoli en petits bouquets. Lavez le poivron, essuyez-le, ouvrez-le, épépinez-le et coupez la chair en dés. Coupez le chou chinois en lanières. Coupez les ciboules en rondelles. Versez l'huile d'arachide dans le wok, mettez tous les légumes et faites-les revenir en mélangeant pendant 8 minutes. Faites cuire les nouilles à l'eau bouillante salée additionnée d'un filet d'huile pendant 5 minutes. Égouttez-les. Retirez les légumes du wok, remplacez-les par les nouilles, arrosez de sauce hoisin et de sauce de soja, mélangez, ajoutez les légumes et réchauffez 1 minute, versez l'huile de sésame avant de servir.

NOUILLES AUX ŒUFS ET AUX BROCOLIS

4 pers. Préparation : 15 min Cuisson : 15 min

250 g de nouilles de riz • 1 tête de brocoli • 6 œufs • 2 gousses d'ail • 1 oignon • 3 cm de gingembre • 4 cuil. à soupe de sauce de soja • 4 cuil. à soupe d'huile • 1 bouquet de coriandre • sel

Réalisation

Séparez le brocoli en petits bouquets. Épluchez et hachez l'ail et l'oignon. Pelez le gingembre et râpez-le. Battez les œufs. Versez 1 cuillerée d'huile dans le wok, répartissez-la sur toute la surface de la cuve. Faites chauffer et versez les œufs en tournant le wok afin que les œufs s'étalent sur la surface de la cuve. Laissez cuire jusqu'à consistance d'une omelette, puis faites glisser sur un plat. Coupez-la en dés. Faites cuire les nouilles dans de l'eau bouillante salée additionnée d'un filet d'huile pendant 5 minutes. Égouttez-les. Versez le reste d'huile dans le wok, mettez l'ail, l'oignon, le gingembre et les bouquets de brocoli. Mélangez bien et laissez cuire 8 minutes. Ajoutez les nouilles et les dés d'omelette pour les réchauffer. Poursuivez la cuisson 1 minute. Arrosez de sauce de soja et parsemez de coriandre ciselée.

NOUILLES SAUCE ASIATIQUE

4 pers. **Préparation : 10 min Cuisson : 5 min**

250 g de nouilles de riz • 4 cuil. à soupe de cacahuètes non salées • 1 piment oiseau séché • 3 cm de gingembre frais • 8 gousses d'ail • 2 cuil. à café de sucre • 1/2 citron • 3 cuil. à soupe d'huile d'arachide • 1 bouquet de basilic • 1 bouquet de coriandre • 1 bouquet de menthe • sel

Réalisation

Épluchez les gousses d'ail, pelez le gingembre, pressez le demi-citron, mixez le tout. Hachez les herbes. Concassez grossièrement les cacahuètes. Ajoutez à la préparation le piment émietté, le sucre, l'huile, les herbes et un peu de sel. Faites cuire les nouilles dans de l'eau bouillante salée additionnée d'un filet d'huile pendant 5 minutes. Égouttez-les. Répartissez-les dans quatre bols et arrosez de sauce. Parsemez de cacahuètes concassées.

NOUILLES SAUTÉES AUX LÉGUMES

4 pers. Préparation : 10 min Cuisson : 10 min

250 g de nouilles de riz • 200 g de pois gourmands • 200 g de pousses de soja • 3 cm de gingembre frais • 3 cuil. à soupe de sauce de soja • 1 cuil. à café d'huile de sésame • 3 cuil. à soupe d'huile d'arachide • sel

Réalisation

Effilez les pois gourmands. Épluchez et hachez le gingembre. Faites cuire les nouilles pendant 5 minutes à l'eau bouillante salée additionnée d'un filet d'huile. Égouttez-les. Faites chauffer l'huile d'arachide dans le wok, mettez le gingembre, les pousses de soja, les pois gourmands, faites cuire 4 minutes en mélangeant sans cesse. Ajoutez les nouilles, la sauce de soja et l'huile de sésame. Poursuivez la cuisson 1 minute et servez sans attendre.

NOUILLES THAÏES

4 pers. Préparation : 10 min Cuisson : 10 min

250 g de nouilles de riz • 100 g de pousses de soja • 1 citron vert • 3 cuil. à soupe de cacahuètes non salées • 6 cuil. à soupe de sauce de soja • 3 cuil. à soupe d'huile • sel

Réalisation

Faites cuire les nouilles dans de l'eau salée additionnée d'un filet d'huile pendant 5 minutes, égouttez-les. Pressez le citron vert. Concassez grossièrement les cacahuètes. Versez l'huile dans le wok, faites revenir les pousses de soja jusqu'à ce qu'elles soient transparentes, remettez les nouilles, arrosez de jus de citron vert et de sauce de soja, mélangez bien et réchauffez 1 minute. Répartissez dans quatre bols, parsemez de cacahuètes concassées.

POÊLÉE DE LÉGUMES AU GINGEMBRE

4 pers. Préparation : 15 min Cuisson : 15 min

1 tête de brocoli • 1 oignon • 1 chou chinois • 2 carottes • 2 poignées d'épinards • 1 paquet de champignons noirs séchés (25 g) • 3 cm de gingembre frais • 25 cl de bouillon de volaille • 2 cuil. à soupe d'huile d'arachide • 2 cuil. à soupe de sauce de soja • 2 gouttes de Tabasco • 2 cuil. à soupe d'amandes effilées

Réalisation

Mettez les champignons noirs dans un saladier, recouvrez-les d'eau chaude et laissez-les se réhydrater pendant 15 minutes environ. Égouttez-les, coupez-les en morceaux. Épluchez les carottes et l'oignon, puis émincez-les. Lavez les épinards, équeutez-les. Coupez le chou chinois en lanières. Détaillez le brocoli en petits bouquets. Pelez le gingembre et coupez-le en petits morceaux Faites chauffer l'huile dans le wok. Faites revenir les carottes et l'oignon, puis les épinards, le brocoli, les champignons noirs, le gingembre et le chou chinois. Arrosez de bouillon de volaille et laissez mijoter environ 10 minutes.

Faites griller rapidement les amandes effilées à sec dans une poêle à revêtement antiadhésif. Ajoutez la sauce de soja, le Tabasco, puis au moment de servir les amandes grillées.

RIZ À LA TOMATE

4 pers. Préparation : 10 min Cuisson : 15 min

250 g de riz long • 1 petite boîte de pulpe de tomate • 2 petits oignons • 2 cuil. à café de cinq-parfums • 4 cuil. à soupe de sauce de soja • 2 cuil. à soupe d'huile d'arachide • 1 bouquet de coriandre

Réalisation

Faites cuire le riz 8 minutes à l'eau bouillante non salée. Égouttez-le. Épluchez les oignons et hachez-les. Faites chauffer l'huile dans le wok, faites revenir les oignons hachés et la pulpe de tomate. Saupoudrez de cinq-parfums. Ajoutez le riz, la sauce de soja, mélangez bien, prolongez la cuisson 2 minutes. Parsemez de coriandre ciselée.

RIZ FRIT AU PORC ET AUX ŒUFS

4 pers. Préparation : 15 min Cuisson : 15 min

400 g de filet de porc • 4 œufs • 250 g de riz • 100 g de petits pois surgelés • 3 gousses d'ail • 2 cm de gingembre frais • 4 ciboules • 8 cuil. à soupe de sauce de soja • 1 cuil. à café de cinq-parfums • 1 cuil. à soupe de sauce hoisin • 1 cuil. à soupe de xérès • 6 cuil. à soupe d'huile d'arachide • sel

Réalisation

Faites cuire le riz à l'eau bouillante salée pendant 6 minutes, égouttez-le. Mélangez dans un saladier 4 cuillerées à soupe de sauce de soja, la sauce hoisin, le xérès et le cinq-parfums. Découpez le filet de porc en lamelles et plongez-les dans la marinade. Battez les œufs en omelette. Épluchez l'ail et le gingembre et hachez-les. Détaillez les ciboules en rondelles. Versez 2 cuillerées d'huile dans le wok, étalez-la sur toute la surface de la cuve avec un papier absorbant et faites chauffer. Versez les œufs, étalez-les dans le wok et laissez cuire à feu doux pour obtenir une omelette. Faites glisser l'omelette sur un plat, coupez-la en dés. Versez le reste d'huile dans le wok, faites revenir l'ail et le gingembre, ajoutez les tranches de porc marinées avec leur sauce, et laissez cuire 5 minutes sans cesser de mélanger. Ajoutez le riz, les dés d'omelette, les petits pois, 4 cuillerées à soupe de sauce de soja, mélangez délicatement et prolongez la cuisson pendant 2 minutes. Parsemez de ciboules au moment de servir.

POÊLÉE DE LÉGUMES AUX CHAMPIGNONS NOIRS

4 pers. **Préparation : 10 min Cuisson : 15 min**

2 courgettes • 2 carottes • 1 poivron rouge • 4 champignons noirs séchés • 1 cuil. à soupe de gingembre moulu • 1 cuil. à café de cinq-parfums • 1 verre de bouillon de bœuf • 2 cuil. à soupe de sauce de soja • 2 cuil. à soupe d'huile d'arachide

Réalisation

Mettez les champignons dans un bol avec de l'eau chaude pendant 15 minutes pour les réhydrater. Pelez les carottes, lavez les courgettes et le poivron, essuyez-les et coupez-les en dés. Faites chauffer l'huile dans le wok, versez les légumes, mélangez bien, puis arrosez avec le bouillon et la sauce de soja, saupoudrez de gingembre et de cinq-parfums, mélangez à nouveau et couvrez. Laissez cuire pendant 10 minutes.

Notre conseil : vous pouvez réaliser cette recette avec un poivron vert ou un poivron jaune.

RIZ FRIT AUX ŒUFS ET AUX CREVETTES

4 pers. **Préparation : 10 min Cuisson : 10 min**

400 g de crevettes cuites • 4 œufs • 250 g de riz • 100 g de petits pois surgelés • 3 gousses d'ail • 2 cm de gingembre frais • 4 ciboules • 4 cuil. à soupe de sauce de soja • 3 cuil. à soupe d'huile d'arachide • sel

Réalisation

Faites cuire le riz à l'eau bouillante salée pendant 8 minutes, égouttez-le. Battez les œufs en omelette.

Épluchez l'ail et le gingembre, hachez-les. Détaillez les ciboules en rondelles. Versez 2 cuillerées à soupe d'huile dans le wok, étalez-la sur toute la surface de la cuve avec un papier absorbant et faites chauffer. Versez les œufs, étalez-les dans le wok et laissez cuire à feu doux pour obtenir une omelette. Faites glisser l'omelette sur un plat, coupez-la en dés. Versez le reste d'huile dans le wok, faites revenir l'ail et le gingembre pendant 3 minutes, ajoutez les crevettes, le riz, les dés d'omelette, les petits pois, la sauce de soja, mélangez délicatement et prolongez la cuisson pendant 2 minutes. Parsemez de ciboules au moment de servir.

RIZ COMPLET SAUTÉ AU PIMENT

4 pers. **Préparation : 10 min: Cuisson : 15 min**

250 g de riz complet • 200 g de filet de porc • 3 gousses d'ail • 3 échalotes • 3 cuil. à soupe de nuoc-mâm • 2 citrons verts • 1 cuil. à café de sucre • 1 cuil. à café de pâte de piment • 4 cuil. à soupe d'huile d'arachide • 1 bouquet de coriandre

Réalisation

Faites cuire le riz à l'eau bouillante salée pendant 8 minutes. Égouttez-le. Épluchez l'ail et les échalotes, hachez-les. Coupez le porc en fines lamelles. Pressez les citrons verts. Délayez la pâte de piment avec le jus de citron. Faites chauffer l'huile dans le wok, faites revenir l'ail et les échalotes, ajoutez les lamelles de porc, arrosez de nuoc-mâm, saupoudrez de sucre, ajoutez le piment délayé, mélangez et laissez cuire 1 minute. Ajoutez le riz et mélangez. Servez ce plat parsemé de coriandre ciselée.

TOFU AUX HARICOTS VERTS

4 pers. **Préparation : 10 min Cuisson : 15 min**

400 g de tofu • 600 g de haricots verts •1/2 citron • 2 cuil. à café de graines de sésame • 3 cuil. à soupe d'huile • 1 piment oiseau • sel

Réalisation

Émiettez le piment oiseau dans un bol, arrosez-le d'huile et laissez macérer au moins 1 heure. Pressez le demi-citron. Effilez les haricots verts et faites-les cuire pendant 8 minutes à l'eau bouillante salée. Égouttez-les. Faites griller les graines de sésame dans une poêle sèche pendant 1 minute. Coupez le tofu en cubes. Versez l'huile pimentée dans le wok, et faites frire les cubes de tofu pendant 3 minutes sans cesser de mélanger. Ajoutez les haricots verts cuits, 2 cuillerées à soupe de jus de citron et faites réchauffer pendant 2 minutes. Saupoudrez de graines de sésame.

VERMICELLE DE RIZ SAUTÉ

4 pers. Préparation : 5 min Cuisson : 5 min

250 g de vermicelle de riz • 2 gousses d'ail • 2 cm de gingembre frais • 2 cuil. à soupe d'huile d'arachide • 2 cuil. à soupe de sauce de soja • sel

Réalisation

Faites cuire le vermicelle dans de l'eau bouillante salée pendant 3 minutes. Égouttez-le. Pelez le gingembre et râpez-le. Épluchez les gousses d'ail, écrasez la pulpe au presse-ail. Faites chauffer l'huile dans le wok, mettez l'ail, le gingembre, puis le vermicelle et la sauce de soja. Faites cuire 2 minutes en mélangeant constamment et servez aussitôt.

Notre conseil : ce vermicelle exotique, vite prêt, accompagne très bien une omelette, du jambon, de la viande froide… Vous pouvez ajouter à votre guise des légumes émincés : carottes, brocolis, haricots verts, champignons…

VERMICELLE DE RIZ AU BŒUF ET À L'AIL

4 pers. **Préparation : 10 min Cuisson : 15 min**

250 g de vermicelle de riz • 400 g de filet de bœuf • 4 gousses d'ail • 1 piment oiseau séché • 4 mini épis de maïs • 1 poivron rouge • 1 tête de brocoli • 25 cl de bouillon de bœuf • 6 cuil. à soupe de sauce de soja • 4 cuil. à soupe d'huile

Réalisation

Épluchez l'ail, écrasez-le au presse-ail au-dessus d'un bol. Émiettez le piment oiseau. Diluez l'ail et le piment avec la sauce de soja. Lavez, essuyez, épépinez le poivron rouge et coupez-le en dés. Partagez le brocoli en petits bouquets. Coupez le filet de bœuf en fines lanières. Portez le bouillon de bœuf à ébullition, mettez le vermicelle et faites-le cuire pendant 3 minutes. Retirez-les. Faites chauffer 2 cuillerées à soupe d'huile dans le wok, faites dorer rapidement les lamelles de bœuf, retirez-les. Versez le reste d'huile dans le wok, faites revenir les dés de poivron, les mini épis de maïs et les bouquets de brocoli jusqu'à ce qu'ils soient tendres. Remettez les lamelles de bœuf, arrosez de sauce, mélangez, ajoutez le vermicelle, réchauffez 1 minute. Servez sans attendre.

VERMICELLE DE SOJA AUX ŒUFS ET AUX CHAMPIGNONS PARFUMÉS

4 pers. **Préparation : 10 min Cuisson : 10 min**

200 g de vermicelle de soja • 4 œufs • 1 sachet de champignons parfumés (25 g) • 4 oignons blancs • 3 gousses d'ail • 2 cuil. à soupe de cacahuètes non salées • 3 cuil. à soupe de sauce de soja • 3 cuil. à soupe d'huile d'arachide • sel, poivre

Réalisation

Mettez les champignons parfumés dans une terrine, recouvrez-les d'eau bouillante et laissez-les gonfler 15 minutes. Égouttez-les et coupez-les en morceaux. Épluchez les oignons et coupez-les en quatre. Battez les œufs en omelette avec du sel et du poivre. Faites chauffer 1 cuillerée d'huile dans le wok, versez les œufs et faites-les cuire en omelette. Déposez l'omelette sur une assiette et coupez-la en lanières. Versez le reste d'huile dans le wok, faites revenir les oignons et les champignons. Pelez l'ail, écrasez-le au presse-ail au-dessus du wok. Mélangez, prolongez la cuisson 3 minutes. Faites cuire le vermicelle à l'eau bouillante salée pendant 3 minutes, égouttez-le. Mettez le vermicelle dans le wok, ajoutez les lanières d'omelette, arrosez de sauce de soja et mélangez en poursuivant la cuisson 1 minute. Parsemez de cacahuètes concassées au moment de servir.

Index des recettes

ENTRÉES

POISSONS ET CRUSTACÉS

VIANDES ET VOLAILLES

LÉGUMES